Marie Weis

Gewitterwolken &
Sommernächte

Gedichte und Texte

Illustriert von Lea Melcher

Marie Weis

Gewitterwolken&
Sommernächte

Gedichte und Texte

LAGO

Illustriert von Lea Melcher

Bibliografische Information der Deutschen Nationalbibliothek
Die Deutsche Nationalbibliothek verzeichnet diese Publikation in der Deutschen Nationalbibliografie.
Detaillierte bibliografische Daten sind im Internet über http://d-nb.de abrufbar.

Für Fragen und Anregungen
info@lago-verlag.de

Originalausgabe
1. Auflage 2023
© 2023 by LAGO Verlag, ein Imprint der Münchner Verlagsgruppe GmbH
Türkenstraße 89
80799 München
Tel.: 089 651285-0
Fax: 089 652096

Die Illustrationen in diesem Werk wurden vermittelt durch die Literarische Agentur Thomas Schlück GmbH, 30161 Hannover.

Redaktion: Kristina Berens
Umschlaggestaltung und Layout: Isabella Dorsch
Umschlagabbildung: Shutterstock.com/4clover, Sunset And Sea Design
Illustrationen Innenteil: Lea Melcher
Satz: Die Buchmacher – Atelier für Buchgestaltung, Köln
Druck: GGP Media GmbH, Pößneck
Printed in Germany

ISBN Print 978-3-95761-222-9
ISBN E-Book (PDF) 978-3-95762-336-2
ISBN E-Book (EPUB, Mobi) 978-3-95762-337-9

Wir produzieren
nachhaltig
www.m-vg.de

Weitere Informationen zum Verlag finden Sie unter

www.lago-verlag.de

Beachten Sie auch unsere weiteren Verlage unter www.m-vg.de

Für meine Mami –
weil du alles bist für mich und
ich nichts wär' ohne dich.

»Das ist ein Teil der Schönheit aller Literatur. Du entdeckst, dass deine Sehnsüchte universelle Sehnsüchte sind, dass du nicht einsam und isoliert bist. Du gehörst dazu.«

– F. Scott Fitzgerald

Liebe*r Leser*in,

Gewitterwolken & Sommernächte ist mein erstes Buch, und ich kann immer noch nicht glauben, dass du es jetzt in deinen Händen hältst. Vielleicht ist das Buch schon bei dir eingezogen, vielleicht stehst du aber auch noch in der Buchhandlung und überlegst, ob du es mitnehmen sollst – so oder so danke ich dir von ganzem Herzen dafür, dass du dir die Zeit nimmst, um meine Worte zu lesen, das bedeutet mir die Welt!

Bei Gedichtbänden ist es häufig so, dass es eine Art Inhaltsverzeichnis gibt. Ich habe mich jedoch bewusst dagegen entschieden und die Gedichte und Texte stattdessen so chaotisch und durcheinander gelassen, wie ich sie geschrieben habe. Einfach aus dem Grund, weil das Leben selbst auch chaotisch und wenig planbar ist, weil auf eine laue Sommernacht manchmal ein Gewitter folgt und weil auf gute Laune manchmal Tränen folgen. Deshalb findest du mal leichte, mal schwere, mal heitere, mal traurige Gedichte und Texte direkt hintereinander – ohne irgendeine Ordnung.
Für mich – und hoffentlich auch für dich – sind sie schamlos ehrlich und offen und ein wenig wie das Leben selbst.

Jetzt wünsche ich dir ganz viel Spaß beim Lesen und hoffe sehr, dass dich meine Worte berühren.

Alles Liebe

Deine Marie

Wenn ich nicht aufpasse,
und meine Gefühle,
meine Tränen,
meine Sorgen,
meine Gedanken,
immer mal wieder rauslasse,
dann kommt irgendwann
ein Wolkenbruch und
alles prasselt auf mich nieder,
all das muss irgendwann raus,
behalte ich es nur für mich,
dann kommt dieser heftige
Wolkenbruch nämlich
wieder und wieder.

Wieso habe ich immer dieses komische Gefühl in mir? Wieso bin ich einsam und gleichzeitig sind mir Menschen zu viel?

Wieso ist mein Herz manchmal so unfassbar schwer und dann doch wieder einfach nur leer?

Wieso ist eigentlich alles in Ordnung und ich will trotzdem nur weinen und dass die Sonne endlich aufhört zu scheinen?

Wieso sind da immer diese Melancholie und Traurigkeit in mir und ich existiere vor mich hin, aber eigentlich bin ich gar nicht hier?

Wieso habe ich Menschen, die mich lieben, und fühle mich trotzdem so wertlos und allein, so als gäbe es für mich keinen Grund auf dieser Welt zu sein?

Wieso sagen mir die Menschen um mich herum, dass mein Aussehen und mein Charakter schön und genug und wertvoll sind, wenn ich mich im Spiegel anschaue und einfach nur hässlich find'?

Wieso will ich dazugehören und dann wieder nicht, wieso fühlt sich das Zusammensein mit anderen Menschen mal an wie Freiheit, aber meistens wie Pflicht?

Wieso schwebt da immer diese dunkle Wolke in
meinem Kopf, wenn alles um mich herum strahlt und
das Leben in seinen schönsten Farben malt?

Wieso spüre ich da immer diesen Schmerz und
diese Schwere auf der Brust, obwohl sie doch da
irgendwo in mir sein muss, diese Lebenslust?

Wieso will ich mich die meiste Zeit über verkriechen und
nur schlafen, schnell in meine Wohnung, mein sicherer
Hafen, und dann doch wieder das Leben auskosten und alles
riskieren, mein Herz an diesen einen Menschen verlieren?

Wieso bin ich so? Fühl mich gefangen in einem
Wirbelsturm aus Emotionen, als wenn tausend
Gewitterwolken in mir wohnen. Möchte doch einfach
nur den bunten Regenbogen in mir finden und einen
Sonnenuntergangshimmel in feuerroten Farben, möchte
einfach mal wieder Sommersonne in meinem Kopf haben.

Immer diese Achterbahnfahrt,
mal bin ich endlich oben,
denk ich hab's geschafft,
dann saus' ich wieder steil nach unten,
als wär ich nie oben gewesen.

Ich wünschte, du
könntest es sehen:
dein Leuchten.
Ich wünschte, du
könntest verstehen,
wie mutig du bist.
Ich wünschte, sie
würden vergehen,
deine Selbstzweifel.
Ich wünschte, du
könntest sehen,
wie wichtig und stark
und schön und
klug du bist,
wie trist und grau die
Welt ohne dich ist.
Ich wünschte, du
würdest an dich glauben,
so wie ich es tue.
Ich wünschte deine fiese
innere Stimme gäbe endlich mal Ruhe.
Aber ich sorge dafür,
dass du nicht vergisst,
wie wertvoll und unglaublich stark du bist.

Findest du es etwa fair,
dass, egal wie sehr,
ich versuch',
es zu vermeiden,
weil ich es so leid bin,
darunter zu leiden,
sie immer noch da sind,
die Schmetterlinge im Bauch
und das Herzklopfen auch,
wenn ich dein verflixtes
Sonnenscheinlächeln sehe
und vor dir stehe und
es gilt nicht mir,
sondern
ihr.

Wünschte, ich hätte ´ne Lichterkette in mir,
die ich anmachen kann, wann immer ich mal
wieder ein Ort voller Dunkelheit bin.

Mein lieber Körper,

heute Morgen stand ich vor dem Spiegel, hab'
dich missmutig betrachtet, dabei mal wieder
nicht deine wahre Schönheit beachtet.

Hab' mich gewendet und gedreht, mich gefragt,
was für ein komischer Mensch da vor mir steht.

Hab' nicht gedacht: »Danke, dass es dich gibt,
dass du lebst und gesund bist«, sondern nur
wieder aufgezählt, was alles an dir falsch ist.

Mal wieder über deine Dehnungsstreifen geklagt,
nicht nach deinem Befinden gefragt.

Mich wieder über das kleine Bäuchlein aufgeregt,
weil es sich ein bisschen schwabbelig bewegt.

Mich nicht bei dir bedankt, dafür, dass du mich
am Leben hältst, sondern wieder nur gedacht,
wie wenig du mir eigentlich gefällst.

Irgendwie hab ich mir danach gesagt:
»Ganz schön ungerecht«, dass ich dich immer
behandle – so abgrundtief schlecht.

Wo du doch alles für mich tust und mich
liebst, immer dein Bestes für mich gibst.

Mich immer beschützt, wenn ich mal wieder
hinfalle, mal wieder tollpatschig bin und mit dem
kleinen Zeh gegen den Türrahmen knalle.

Wo du doch immer so hart arbeitest, wenn
ich krank bin oder zu viel Zucker esse oder
mal wieder das Trinken vergesse.

Würde ich so einen Menschen behandeln, den ich
liebe? Würde er von mir andauernd Hiebe kriegen?

Ich würde ihn doch trösten und lieben und
hegen und pflegen und ihm jeden Tag
sagen, was er für mich ist: ein Segen.

Wieso tu ich das bei dir nicht,

wieso tu ich dir immer nur weh?

Wieso bin ich so gemein zu dir,

wenn ich dich seh'?

Ich versuche mich zu ändern, das verspreche ich dir
hier und jetzt, und versuche besser zu sein zu mir.

Also starte ich jetzt gleich und bessre mich:

Mein lieber Körper?

Ich liebe dich.

Und während ich
dich da so durch
den Regen
tanzend sehe,
mit deinen
Sommersprossen,
diesen wolkenloser-
himmel-blauen Augen
und funkelnden
Regentropfen in
deinem Haar,
dann glaube ich,
dass ich endlich
die Bedeutung von
wahrem Glück verstehe.

Ich wünschte, ich könnte dich ansprechen, dir sagen, dass ich dich mag, doch mein Herz klopft einfach so unfassbar stark. Wie gern ich dich kennenlernen würde. Doch allein dich anzulächeln, dir »Hallo« zu sagen oder zu winken, erscheint mir wie eine riesige Hürde. Wie gern würde ich dir sagen, wie schön deine Augen sind und wie umwerfend ich dein Lächeln find'. Dass meine Welt jedes Mal ein bisschen stillsteht, wenn ich dich sehe oder an dir vorbeigeh'. Wie gern ich mit dir sprechen würde, bis tief in die Nacht, dir in deine traumhaften Augen sehen, mit dir lachen, bis ein neuer Tag erwacht. Wie gern ich alles von dir wissen möchte, was du alles magst und was du dich im Stillen sonst so fragst. Worüber du lachst und weinst, was dich wütend macht und was dafür sorgt, dass du wach liegst bis tief in die Nacht.

Ob du gerne Pasta magst und mal nach Norwegen möchtest, so wie ich, all diese Dinge frag ich mich.

Doch traue mich einfach nicht dich anzusprechen, und ich hasse es so sehr, niemand versteht es, aber für mich ist all das so verdammt schwer. Jedes Mal senke ich den Blick, wenn ich dich sehe oder in deiner Nähe stehe. Scheine dich zu ignorieren, dabei würde ich richtig gerne mein Herz an dich verlieren. Wahrscheinlich denkst du ich bin arrogant, kalt oder unfreundlich, allein dass du das denken könntest, gruselt mich. Ich wünschte, ich könnte dir zeigen, wie ich wirklich bin, aber allein um mich zu trauen, dir zuzulächeln, bräuchte ich wahrscheinlich schon drei Gläser Gin.

Meine eigenen Gedanken sind mein größter Feind, in meinem Kopf sind Ängste, Zweifel und Sorgen vereint. Find mich nicht hübsch, begehrenswert oder toll, wüsste gar nicht wieso mich jemand wie du gut finden soll.

Also steh ich hier und schwärme für dich aus der Ferne, frag' mich: Wen hast du wohl gerne? Verpasse Chancen ohne Ende, bleibe letztendlich immer allein, dabei würde ich so gerne in deiner Nähe sein.

Aber ich schätze, so ist

das wohl mit einer

S o z i a l e n
A n g s t s t ö r u n g.

Jeder Tag kann ein
Neuanfang sein,
egal, ob bei Regen
oder Sonnenschein.
Du hast es in der
Hand, aus jedem Tag
das Beste zu machen,
die Welt braucht nämlich
mehr von deinem
Sommersonnelachen.

Schon ewig waren wir
gute Freunde, das war
eigentlich das Einzige,
was uns verband.
Es gab zuerst keinen
bestimmten Moment,
in dem sich meine
Gefühle für dich änderten,
lange wusste ich nicht,
was ich für dich empfand.
Doch eines Tages saßen wir
dort auf der Wiese und
plötzlich nahmst du meine Hand,
deine sanfte Berührung, das
Funkeln in deinen Augen –
ein Herzstillstand.

Als ich klein war, wollt' ich immer groß sein. Immer frei sein, immer dabei sein. Bei »diese Sendung ist für Zuschauer unter 16 Jahren nicht geeignet« nicht ins Bett gehen, aufbleiben, überall mitreden, nicht mehr in die Schule gehen. Einen Job haben, das ist bestimmt toll, allein entscheiden, was ich kaufe, niemand der mir sagt, was ich tun oder lassen soll. Einen hübschen Freund, in eine große Stadt ziehen, schöne Kleider tragen, schick, stylish und weltgewandt sein, niemals einsam und gerne allein. Alles würde besser sein, das war mir völlig klar, aber sind diese Illusionen auch wirklich wahr? Heute bin ich immer noch jung, aber nicht mehr klein. Will nicht mehr so gerne groß und erwachsen sein. Meine Zukunft vor mir wie ein leeres Blatt Papier. Weiß nicht, ob ich arbeiten gehen, reisen, jobben soll oder studier'. Am besten alles gleichzeitig, damit ich auch nichts verpass', die ganze Welt sehen, viele Stempel im Pass. Aber eigentlich auch gerne einen Job, den ich liebe, einen der mich glücklich macht, erfüllt. Jeden Morgen aufstehen, ohne dunkle Gedanken im Kopf, viele Freunde, eine Beziehung und Karriere im Hinterkopf. Am Ende möcht' ich zurücksehen ohne Reue, ohne Zweifel, ohne »Hätte ich doch damals nur« – dieser ganze Gedankenstrudel lässt mir einfach keine Ruhe. Habe Angst, was falsch zu machen, nicht reinzupassen, mein Leben zu vergeuden. Die Zeit vergeht, ich weiß nicht, was ich will, wohin mein Weg mich führt, seid doch bitte alle endlich still.

Als ich klein war, wollt' ich immer groß sein. Immer frei sein, immer dabei sein. Heute weiß ich nicht mehr, ob ich erwachsen sein will, ob ich das schaffe, ob ich zu viel verpasse. Ich will nur eins: glücklich sein.

Alle Menschen sagen immer:
Wenn du allein bist,
bist du einsam.
Aber sie verstehen nicht,
dass man allein so wunderbar
im Einklang mit sich und
seinen Gedanken
sein kann.

Auch wenn jemand von außen strahlt,
kann es sein, dass er in Gedanken
gerade nur mit dunklen Farben malt.

Sonntagmorgen, weiche Laken, Kaffeeduft,
deine Finger streifen über meine Haut,
Vögel zwitschern, die Spannung zwischen
uns, flirrende Hitze liegt in der Luft.
Deine rosafarbenen Kussmundlippen öffnen
sich, und mein Herz zieht sich zusammen,
aus Angst, dass du mich wegschicken willst
und unsere Nacht nur eine Momentaufnahme
war, kurz, heimlich und verstohlen,
doch du streichst mir sanft eine Strähne
aus dem Gesicht und hauchst:
»Bleib ruhig noch liegen, ich geh frische
Brötchen für uns holen.«

Ab und zu wünschte ich
mir, Sternschnuppen
würden wirklich Wünsche
wahr werden lassen.
Ich würde mir wünschen,
dass sich die Menschen
ein bisschen mehr lieben,
statt so viel zu hassen.
Dass es nur noch harmlose
Krankheiten gibt, kein Mobbing,
keinen Krieg, keinen Betrug
und keine Schlechtigkeit mehr.
Dafür ganz viel Glück, Liebe,
Küsse, Bauchkribbeln,
Umarmungen, Bücher, Musik
und unzählige Tage am Meer.

Manchmal sitze ich hier und frage mich, ob du wirklich existierst. Ob du vielleicht ab und an auch einen Gedanken an mich verlierst.

Irgendwo in New York in einem Starbucks sitzt und mich vermisst und dich auch fragst, ob das seltsam ist? Nicht zu wissen, ob es da diese eine Person gibt.

Diese eine Person, die dich liebt, wie du bist. Auch wenn du morgens mit ungewaschenen Haaren Schokomüsli mit 3,5%-Fett-Milch isst.

Wenn du deine Tage hast und alles an dir hasst, dir absolut keine einzige Hose passt.

Wenn deine Unterwäsche und das Bettlaken voll sind mit Blut, und du genauso rot im Gesicht bist, vor lauter Wut.

Wenn dein Bauch ein bisschen über den Hosenbund quillt und auch eine ganze Tüte Chips deinen Hunger nicht stillt.

Wenn du Pickel im Gesicht hast, Mitesser überall. Wenn du weinst ohne Ende, dich fühlst wie ein hoffnungsloser Fall.

Wenn du so hemmungslos lachst, dass dir Saft aus der Nase läuft. Ja, selbst dann, wenn sich deine ganze dreckige Wäsche häuft.

Wenn du ungeschminkt bist, dein Gesicht einfach so wie
es ist, und du an manchen Tagen viel zu hart zu dir bist.

Wenn du deine Tage nur in Jogginghosen zu verbringen
scheinst, Disneyfilme schaust und ununterbrochen weinst.

Wenn du zu Taylor Swift durch die ganze Wohnung schreist
und an manchen Tagen einfach nicht mehr weiterweißt.

Wenn du unendlich laut bist und an manchen
Tagen ganz leise. Einfach du bist, auf deine eigene
unvergleichlich perfekte Art und Weise.

Vielleicht sitzt du auch am Tisch nebenan. Streichst dir die
Haare aus der Stirn und lächelst mich gleich an. Vielleicht bist
du auf Expedition in Alaska, wohnst in einer Studentenwohnung
in Münster oder bist im Louvre ein bekannter Künstler.

Vielleicht läufst du mir irgendwann über den Weg.

Vielleicht auch nicht.

Aber weißt du was?

Für all diese Dinge,

hab ich immer noch mich.

Von Zeit zu Zeit drohe ich,
an all meinen Ängsten und
Zweifeln zu zerbrechen.
Die Hoffnung darauf, dass
es eines Tages besser wird,
wie ein leeres Versprechen.
Wünschte, es gäbe einen
Schalter in meinem Kopf,
den ich umlegen könnte
und alles wäre gut,
ein Knopfdruck und
die Sturmflut in
meinem Kopf ruht.

Immer, wenn ich am Meer steh,

wenn ich mit sandigen Füßen in die rauschenden Wellen und
über piksende Muscheln in allen Farben und Formen geh,

wenn ich glückliche Gesichter, lachende Kinder, ein oder
zwei Schiffe am Horizont, kreischende Möwen und den
unendlich blauen Himmel seh, immer dann, tut mein Herz
vor Glück und endloser Freiheit, ein bisschen weh.

Gelegentlich frage ich mich, was ich
ohne Angst alles so tun würde.
Wenn nicht jedes Gespräch, jede
Feier, jede Zugfahrt, jedes Date,
jedes kurze Kleid, jedes Mal
unter Menschen sein, jede Reise,
wenn sich nicht jedes Mal »Ich selbst sein«
anfühlte wie 'ne große Hürde.

Ich sehe dich an,
und ich kenne dich
nicht mehr.
Eine Person, über die ich mal
alles zu wissen glaubte,
dein Blick emotionslos, leer.
Du sagtest, wir hätten uns
nichts mehr zu sagen.
Aber wieso hat mein
notdürftig mit Pflastern
geflicktes Herz noch
so viele Fragen?
Wir haben alles
miteinander geteilt:
Haut, Küsse, Wahrheiten,
Geheimnisse, Zukunftspläne.
Alles, was mir nun von unseren
gemeinsamen Bildern an der Wand
entgegenstrahlt, ist Häme.
Verziehst keine Miene,
sitzt da wie ein
verfluchter Gletscher,
während der Teppichboden
mein Schluchzen dämmt.
Sehe dich an, zwischen
tränenverhangenen Wimpern,
trägst auch noch dieses
dunkelblaue Jahrestagshemd,
und alles,
was ich mir denke, ist:
f r e m d.

Vor ein paar Tagen habe ich gesehen, dass du jetzt
nicht mehr alleine bist, dass jetzt jemand an deiner Seite
ist, während mein Herz dich noch immer vermisst.

Und ich weiß, es ist erbärmlich, nach all den Jahren,
wo wir doch nicht einmal zusammen waren.

Wir haben uns nicht geküsst, nicht berührt, konnten
nie ausprobieren, wohin das alles überhaupt führt.

Aber dein Lächeln und deine Worte haben sich
eingebrannt. Doch was ist mit dir? Du hast mich
wahrscheinlich längst aus deinen Gedanken verbannt.

Und ich hasse mein Herz dafür, dass es wegen
dir noch immer schmerzt, während du nicht mehr
an mich denkst und deine Liebe ohne Probleme
schon längst einer anderen schenkst.

Ich hasse auch das Gefühl, dass deine Worte nichts weiter
waren als leere Hüllen, um mein Herz mit Zuneigung
zu dir zu füllen. Hast gesagt, dass du auch an mich
denkst, mich vermisst, gerne wüsstest, was das mit uns ist.
Wolltest mich besuchen und hast mir Briefe geschrieben,
weil du genau wusstest, das würde ich lieben.

Und dann plötzlich war ich Luft, hab' nichts mehr von dir
gehört, hatte ständig das Gefühl ich hätte dich immer nur
gestört. Habe es immer wieder versucht, nicht aufgegeben,
konnte dich nicht aus meinem Leben streichen und die
Schmetterlinge im Bauch wollten einfach nicht weichen.

Dann haben wir uns wiedergesehen, du hast dich gefreut,
mich fest umarmt, und wieder hast du mich umgarnt.
Wieder hab' ich dir geglaubt, wieder hab' ich gehofft,
mein Herz wie wild am Schlagen, wie bei dir so oft.

Doch dann war es wieder vorbei,
seitdem kein einziges Wort mehr von dir,
und ich frage mich erneut: Liegt es an mir?

Jetzt hast du dein Herz also verschenkt,
während meins noch immer an dich denkt.

Ich krieg' dich einfach nicht aus meinem Kopf, will
es doch so sehr, wieso ist das denn so schwer?

Bleibst nichts als eine zartbittere Erinnerung, in der
Hoffnung, dass diese irgendwann verblasst und
du in meinem Leben keinen Platz mehr hast.

Und trotzdem frag ich mich, ob du nicht doch ab
und zu auch an mich denkst, und ich wünsche mir
so sehr, dass dein Herz dann auch ein bisschen
schwer wird und du doch auch an mir hängst ...

Rom,
unser vorletzter Abend.
Wir in diesem Restaurant,
edel, aber nicht zu edel.
Zu schön, um wahr zu sein.
Vor uns das zweite Glas Aperol,
Pasta, Tiramisu, ein voller Bauch.
Der Himmel leicht violett,
die Sonne kurz vorm Untergehen.
Leicht beduselt vor Glück
und vom Aperol.
Gerötete Wangen, unendlich viel Gesprächsstoff.
Gegenüber einer guten Freundin,
das Gefühl von Freiheit und Geborgenheit zugleich.
Ich schaue aus dem Fenster,
Lichterketten erhellen die andere Straßenseite.
Lebendig.
Ein Abend wie ein Traum.
Wir beide in der Ewigen Stadt.
Wir beide und ein Augenblick für die Ewigkeit.

Manchmal scheint alles gut und
ich bin glücklich und es geht bergauf,
doch dann gibt es wieder diese Tage,
an denen ich einfach alles hinterfrage,
an denen ich so grundlos traurig und
kraftlos bin, nur noch schwarzsehe
und es eigentlich überhaupt nicht verstehe,
gab's doch keinen Anlass dafür, was hat
sich verändert, dass ich heute wieder in
diesem dunklen Loch bin,
mich bei allem frage: »Wo ist der Sinn?«
Ich weiß auch, dass nicht jeder Tag gut
sein kann, und sie sind ja auch viel weniger
geworden, diese tiefschwarzen Tage, und
trotzdem, wenn sie dann da sind, fühlt es
sich so an, als stünde ich wieder ganz am
Anfang, als ob ich zu langsam hinterherhinke,
als ob mich diese Traurigkeitswelle wie ein
Tsunami überrollt und ich in ihr ertrinke.

Medikamente nehmen zu müssen,
bedeutet nicht, zu versagen.
Genauso wenig, wie in Therapie
zu gehen oder nach Hilfe zu fragen.

Was ich vermisse, sind die
vergangenen Tage, weil da
einfach alles besser war.
Weil ich da zufriedener und
glücklicher und hübscher
und beliebter war und mich
selbst im Spiegel nicht mit
ganz so kritischem Blick ansah.
Weil früher oder später
sowieso immer viel besser ist
als hier und jetzt,
weil es so viel leichter ist,
das Vergangene zu glorifizieren,
anstatt dass man einfach mal
den Moment des Augenblickes schätzt.
Denn wenn ich ganz ehrlich bin,
ist mir eigentlich selbst klar:
Auch früher hab ich schon
immer gesagt, dass
früher alles besser war.

Draußen funkeln die Lichter der Nacht
und ich lieg' hier in der Dunkelheit und
hab' noch kein Auge zugemacht.
In der ohrenbetäubenden Stille der Nacht
sind meine rasenden Gedanken immer so
wahnsinnig laut,
mir fallen Dinge ein, die ich vor 5 Jahren
falsch gemacht habe und Szenarien der Zukunft, vor
denen mir jeden Tag graut.
Will endlich Ruhe im Kopf und versinken
im süßen, träumenden Nichts
und erst wieder aufwachen,
wenn das rettende Licht
die Dunkelheit durchbricht.

Die Zeit rennt.

War doch gerade noch in der Grundschule, hab' mit
Barbies und Schlümpfen aus dem Happy Meal gespielt.

Bis ich dann plötzlich die Empfehlung für die
weiterführende Schule in den Händen hielt.

Die Zeit rennt.

War doch gerade noch in der 8. Klasse, habe,
statt Hausaufgaben zu machen, lieber Disney
Channel geschaut und ab und an ein Poster
im Supermarkt aus der Bravo geklaut.

Die Zeit rennt.

War doch gerade noch kurz vor den Abi-Prüfungen, total
im Stress, weil ich nicht wusste, ob ich das alles schaffe,

als mein größtes Problem war, dass ich diese
blöden Aufgaben in Mathe nicht raffe.

Die Zeit rennt.

War doch gerade noch auf dem Abiball,
nachdem ich die Prüfungen bestanden habe,

drücke meine Mädels alle noch ein letztes
Mal. Wir bleiben in Kontakt, um mich herum
Kleider in jeder erdenklichen Farbe.

Die Zeit rennt.

War doch gerade noch bei meiner Mama am
Esstisch, hab' ihr von meinem Schultag erzählt und
mich in ihrer wärmenden Umarmung verkrochen,

nun steh' ich hier in meiner ersten Ausbildungswoche,
frage mich nach einem strengen Blick von meinem
Chef: Was habe ich wohl jetzt wieder verbrochen?

Die Zeit rennt.

War doch gerade noch in der Berufsschule und hatte
dann irgendwann endlich mein Abschlusszeugnis in
der Hand, die Ausbildung erfolgreich hinter mir,

plötzlich steh' ich da und alle fragen: Und, was
steht jetzt nach der Ausbildung an bei dir?

Die Zeit rennt.

War doch gerade noch in meinem Kinderzimmer,
früher mit gelb-blauer Wand, dann fliederfarben,
früher mit Postern, heute mit Fotos und Lichterkette,

muss auf einmal Kisten packen, aufbrechen, obwohl ich
dachte, dass ich in diesem Zimmer noch so viel Zeit hätte.

Die Zeit rennt.

Jetzt sitz' ich hier in meiner ersten eigenen Wohnung,
muss allein Termine ausmachen und beim Arzt anrufen,

bin selbst verantwortlich für all das, was ich tue, während
immer mehr Menschen Geld von meinem Konto abbuchen.

Weiß immer noch nicht, was ich mit
meinem Leben anfangen will,

sitze gedanklich immer noch in dem gelb-blauen
Kinderzimmer, während alles gut wird, weil Mama
und Papa sich ja darum kümmern, aber die Welt
um mich herum steht einfach nicht still.

Die Zeit rennt.

Sie gibt mir keine Zeit, durchzuatmen und mich zu orientieren,
mit jedem Tag der Ungewissheit und diesem Ich-bin-nicht-
bereit-für-all-das-Gefühl scheine ich Lebenszeit zu verlieren,

sie rinnt mir durch die Finger, doch
das geht mir alles zu schnell,

ich komme gar nicht mit, sie sagen: Stell dich nicht so an, du
bist jetzt erwachsen, du brauchst einfach ein dickeres Fell.

Die Zeit rennt.

Also versuche ich mitzurennen, nicht auf der
Strecke zu bleiben, aber bin ich wirklich
erwachsen? So fühlt sich das nicht an.

Ich renne und renne und renne und renne, in
der Hoffnung, dass das Erwachsenwerden
mich dann nicht so schnell einholen kann.

Ich spring' ins
kalte Wasser,
immer tiefer
und tiefer,
schließe die
Augen und
stell mir vor,
ich lasse die
Dunkelheit in
mir einfach
hier, und ich
tauche auf
und kann
endlich
wieder
a t m e n.

Hier ist eine kleine Erinnerung daran,
wie unglaublich weit du schon gekommen bist,
bevor dich die Selbstzweifel niederringen
und du deine Erfolge wieder vergisst.

Die Erinnerung an
dich ist wie ein Schatten,
der nicht verschwindet,
der dich auf schmerzhafte
Weise noch immer
an mich bindet,
egal, ob an dunklen
oder sonnigen Tagen,
wenn ich deinen besten Freund
treffe und nichts mehr will, als
ihn nach dir zu fragen,
an all unseren Lieblingsorten,
dem geheimen Platz am See, und
sobald die Melodien von unserem Lied im Radio ertönen,
und bei dem Liebesbrief in meiner Schublade
mit all deinen bittersüßen Worten.
An allem hängt so unverkennbar
dein Duft und dein Lachen und
deine Stimme, dass es so sehr
schmerzt ganz tief in mir drinnen.
Unsere Momente wie ein Meer,
in dem ich schwimme, doch
ohne dich erfüllt es mich nicht,
bin einfach nur leer, leer, leer.
Und dann frag' ich mich,
ob ich dann und wann an dir
hafte wie der Regen,
ob ich dich verfolge wie
vorbeiziehende Zuckerwattewolken am Himmel
auf all deinen neuen Wegen.

Hin und wieder frag' ich mich,
ob ich wirklich gern allein bin
oder es mir nur einrede.
Ob ich wirklich gern allein bin
oder es nur leichter ist.
Ob ich wirklich gern allein bin
oder es meine Unsicherheit ist,
die versucht mich zu schützen
und gleichzeitig davon
abhält, zu leben.

Deine Lippen streichen über meine Haut,
im Hintergrund hört man den Lärm der Stadt,
ich versinke mehr und mehr in dir,
spüre, wie sich in meinem Körper Spannung aufbaut,
sehe nur deine Umrisse im Kerzenschein
und mein Spiegelbild in deinen Mitternachtsaugen,
verliere mich, unser beider Atem ganz laut,
will dir noch näher sein,
dann plötzlich Achterbahn-freier-Fall und
ein Endorphinstrudel, die Hitze vergeht und
ich merke, die Nacht ist abgekühlt,
du siehst mich an, mein Blick fällt auf das
Bild von dir mit ihr, und mein Herz fragt sich:
Wie kann etwas falsch sein, wenn es sich
so richtig anfühlt?

Zerknüllte Taschentücher auf dem Boden,
während ich einen kleinen Marienkäfer
dabei beobachte, wie er einen Stein erklimmt.
Während ich dich immer noch höre, wie du
sagst: Es ist vorbei, es liegt nicht an dir,
und ich mich trotzdem frage, ob etwas mit
mir nicht stimmt.
Ob ich was falsch gemacht habe oder du mich
nicht mehr liebst,
ob du jemanden kennengelernt hast oder was
passiert ist, dass du uns so einfach
aufgibst.
Der kleine Marienkäfer ist oben angekommen,
kurz hingefallen, breitet triumphierend die
Flügel aus, ich versuche ihn zu ignorieren,
den Kloß in meinem Bauch,
wenn der kleine Marienkäfer es schafft,
wieder aufzustehen und seine Flügel
auszubreiten, dann schaff ich
das vielleicht auch.

Wieso verbinden alle Intimität immer nur mit Sex,
wenn es doch um so viel mehr geht?
Wenn wahre Intimität ist, dass jemand dich und
dein ganzes Sein so richtig versteht.
Wenn du bei jemandem verletzlich und offen sein
kannst und einfach so komplett du selbst
oder wenn dich jemand immer wieder
auffängt, wenn du tief fällst.
Wenn du dich bei jemandem sicher fühlst
und gut aufgehoben und wertvoll und geliebt,
wenn jemand dafür sorgt, dass du die Sonne
wieder siehst und deine dunklen Gewitterwolken
für dich zur Seite schiebt.
Wenn du jemandem dein
komplett nacktes Herz in die Hände
legen kannst mit der Gewissheit,
dass es geschützt wird und akzeptiert –
das ist für mich Intimität und so,
so viel bedeutender als ein Körper,
der seine Kleiderhüllen verliert.

Fühle mich wie eine
Blume, die man
ohne die Wurzeln
herausgerissen hat,
nur dass du mein
Herz und meine Seele
mit deinen Worten
zerrissen hast.
Weiß nicht, ob
ich je wieder
zusammenwachse
oder erblühe.

An manchen Tagen hören sie gar nicht
mehr auf zu fließen, die Salzwassertränen.
Eine Erinnerung oder dein Lieblingslied
reichen, es muss nicht mal jemand deinen
Namen erwähnen.
Ein altes Foto, das Café, in dem wir
immer waren, oder der Park, in dem du
mir gesagt hast, du hättest dich
in mich verliebt.
All das erinnert mich immer wieder
schmerzhaft daran, dass es ein
Uns nicht mehr gibt.

Autobahnrauschen, dein allerschönstes Ohrwurmlachen,
während über uns die ersten Sterne erwachen,
der Geruch von Freiheit, sorgloser Jugend und
Grapefruitbier, wäre nirgendwo lieber als jetzt
hier mit dir.

Manchmal glaube ich, wir Menschen sind ein bisschen
so wie Zimmerpflanzen, brauchen doch auch nur Wasser,
Zuwendung, Sonne und wen, der mit uns redet, im
Großen und Ganzen.

Find's so witzig, dass alle immer verstört aufschreien,
wenn sie nur minimal Periodenblut sehen,
nur um dann gleich darauf ins Kino in einen
blutrünstigen Horrorfilm ab 18+ zu gehen.

Heimat sind Mamas Umarmungen,
der Geruch, wenn sie kocht, ihre
heilenden Worte und ihr Lachen.
Heimat sind Telefonate mit Papa
und Haifilm-Abende und ich in
seinen viel zu großen Anziehsachen.
Heimat sind das Kartoffelpüree von
meiner Tante, Tatort-Sonntage und wie
wir uns über schlechte Filme lustig machen.
Heimat sind tiefe Gespräche mit meiner besten
Freundin, lange Memos, lautes Gelächter und wie wir
nach Glühweinabenden mit Brummschädel aufwachen.
Heimat sind meine vier Wände, das Brummen der
Kaffeemaschine, mein Bücherregal, die Lichterketten
und wenn beim Nachbarn wieder die Musikboxen loskrachen.
Heimat ist für mich kein Ort, sondern all
diese kleinen Dinge und Menschen und Gefühle,
all diese Sachen,
die mein Herz
ein Stück weit
leichter machen.

Ich bin in Sachen Liebe
ein völlig unbeschriebenes Blatt.
Bin diejenige, die noch nie in
einer Beziehung war und auch noch
nie jemanden geküsst hat.
Kenne die Liebe nur aus Filmen,
Serien oder Geschichten,
kann nie was dazu beitragen,
wenn andere von ihren
Erfahrungen berichten.
Ich frage mich schon gelegentlich,
ob es an mir liegt, ob was falsch
an mir ist oder ich komisch bin.
Und dann wiederum denk ich mir:
Das Leben hat doch auch ohne
Beziehung einen Sinn?
Ich habe doch meine Familie
und Freunde, die mich lieben
und verstehen,
kann auch ganz ohne Partner
oder Partnerin die schönen

Dinge im Leben sehen.
Bin doch keine verlorene Hälfte,
die ohne passendes Gegenstück
unvollständig ist
und es ist ja auch nicht so,
dass mein Herz andauernd
wen vermisst.
Nein, ich bin auch allein genug,
vollständig und komplett
und mir gehören sogar
beide Seiten im Bett.

Wir beide, tiefschwarze Nacht,
geflüsterte Worte und heller Kerzenschein,
nur bei dir kann ich so wunderbar
komplett hüllenlos ich selbst sein.
Leere Rotweingläser, leise Musik,
deine Lippen auf meinen,
verliere mich in deinen Ozeanaugen,
während alle Dinge um uns herum
plötzlich so unwichtig scheinen.

Wenn ich Nachrichten schaue,
dann denke ich vor allem eins:
Weltschmerz.
All die grausamen Bilder von
Menschen, die leiden, brechen
mir das Herz.
Machtgierige Männer, die, ohne
auch nur eine Sekunde zu zögern,
alles um sich herum zerstören,
und denken, einfach alles und
jeder würde ihnen gehören.
Überall Hass und Krieg und
Krankheit und Betrug,
ist es nicht irgendwann
auch mal genug?
Wir scheinen zu vergessen,
dass er in unserer Hand liegt,
der Frieden.
Dass unsere Herzen doch
eigentlich dafür gemacht sind,
zu lieben.
Lasst sie uns rausschicken,
weiße Tauben in Scharen,
lasst uns versuchen, die
Menschlichkeit zu bewahren.

Ab und an wünschte ich, wir könnten uns aus den
Augen der Menschen betrachten, die uns lieben.
Ihre Sichtweise und unsere eigene sind häufig
so grundverschieden.
Während ich mit meinem Körper und mir selbst
so auf Kriegsfuß stehe,
jedoch bei all den Menschen, die ich liebe,
die Dinge, die mich an mir selbst stören,
als wunderschön ansehe.
Wir sollten versuchen, uns selbst mit mehr
Wärme im Blick zu betrachten,
und unser einzigartiges Wunderwerk
von Körper mehr zu achten.

Bist die Thelma zu meiner Louise,
sehe dich neben mir im Auto, wir
beide mit gepackten Koffern und
lauter Musik, nachdem ich alles
hinter mir ließ.
Diese Art von Freundschaft, für
die man einfach alles tut,
bei der es völlig egal ist, ob
ich lache oder weine, muss gar
nichts mehr sagen, du kennst
mich viel zu gut.
Mit dir würde ich über jede
Klippe springen,
für dein Lächeln würde ich
alles tun und jeden, der dir
weh tut, todesmutig
niederringen.
Ein Leben ohne dich wäre
unvorstellbar,
könnte auf unsere Gespräche,
Telefonate und Sprachnachrichten
nicht verzichten, auch das
ist wahre Liebe, weiß gar
nicht mehr, wie es
ohne dich war.
– für Lara

Erlaube dir selbst, auch
mal schwach zu sein.
Erschöpft und müde und
traurig sein und aufgeben zu
wollen, macht dich nicht klein.
Im Gegenteil, es zeugt von so
viel Stärke, zu seinen Gefühlen
zu stehen
und zuzulassen, dass auch
andere Menschen diese Seiten
von dir sehen.

In deinem Blick
liegt so viel Liebe,
weiß gar nicht,
womit ich das verdiene.
Ich kenne diesen Blick von
mir selbst so gar nicht,
mag mich so wenig.
Doch du erinnerst
mich immer wieder
daran, dass ich es
wert bin, so voller
Liebe angesehen
zu werden.
Vielleicht
irgendwann
auch von
mir selbst.

Ich hoffe, dass ich eines Tages
so richtig glücklich und zufrieden bin.
Dass ich ihn irgendwie verstehe,
diesen Lebenssinn.
Ich hoffe, dass ich eines Tages
in den Spiegel schaue und mag,
was ich da sehe.
Dass ich mit mehr Selbstbewusstsein
durchs Leben gehe.
Ich hoffe, dass ich eines Tages
weniger Angst habe und mehr lebe.
Dass ich mich mehr traue, aber mir
wenn es mal nicht klappt, vergebe.
Ich hoffe, dass ich eines Tages
stolz auf mich bin und mich nicht
mehr mit anderen vergleiche.
Dass ich meinen eigenen Wert erkenne
und mir immer wieder sage: »Ich reiche.«
Ich hoffe, dass es dir irgendwann auch
so geht und du erkennst, was ich in dir
sehe, was du alles sein kannst und bist.
Und bis dahin hoffen wir gemeinsam –
es tut gut zu wissen, dass keiner von uns alleine ist.

Feuerrote Wolken, und
ich frag mich, für was
du brennst. Ob du so
wie ich auch deine
Leidenschaft noch
nicht kennst.

Hin und wieder fühlt es sich so an, als hättest du
einen Schritt nach vorn gemacht und gleich
darauf wieder zehn Schritte zurück.
Als stündest du wieder ganz am Anfang und
als wäre dir bisher nichts geglückt.
Und ich weiß, es ist schwer,
sich dagegenzustemmen, wurden diese fiesen
Zweifel erst einmal entfacht,
aber wenn du noch mal innehältst und darüber
nachdenkst, dann vergiss nicht, dass du,
trotz der Schritte zurück, eben auch den
einen riesigen Schritt nach vorn' gemacht hast.

Du darfst.

Du darfst dich einsam fühlen, obwohl du
Menschen um dich hast, die dich lieben.

Du darfst traurig sein, obwohl um dich herum
ganz viele Gründe zum Lächeln sind.

Du darfst dich verloren fühlen, obwohl alle um dich
herum zu wissen glauben, wo du hingehörst.

Du darfst Sehnsucht haben, obwohl du
doch alles hast, was du brauchst.

Du darfst dich schlecht fühlen, obwohl es ganz vielen
anderen Menschen viel schlechter geht als dir.

Du darfst einen dunklen Tag haben, obwohl
doch draußen die Sonne scheint.

Du darfst dir jemanden an deine Seite
wünschen, obwohl du gern alleine bist.

Du darfst schwach sein, obwohl dir alle immer
wieder sagen, wie stark du doch bist.

Du darfst weinen, obwohl dich alle dazu
auffordern, mehr zu lächeln.

Du darfst dich in deinem Zimmer verkriechen, obwohl
alle da draußen das schöne Wetter genießen.

Du darfst glücklich sein, du darfst dich freuen, du
darfst verliebt sein und du darfst das Leben feiern,
obwohl die Welt um uns herum in Flammen steht.

Du darfst fühlen, was auch immer du gerade fühlst, und du
brauchst keinen Grund dafür. Gefühle sind da, um gefühlt
zu werden, und niemand hat dir vorzuschreiben, was du zu
fühlen hast. Es braucht keine rationalisierte Erklärung, keinen
logischen Grund – nein, einfach nur ein Herz, um zu fühlen.

Du darfst.

Liegst direkt neben mir
und bist trotzdem so
weit entfernt.
Fühlst dich so fremd an,
als hätt' ich dich nie
richtig kennengelernt.
Als hätten wir in den
letzten Jahren nicht alles
miteinander geteilt,
als hätten wir unsere
Herzen nicht
gegenseitig geheilt.
Nun haben wir uns
nichts mehr zu erzählen,
und wenn wir getrennt sind,
werden wir uns dann noch gegenseitig fehlen?
Was bringt uns die
körperliche Nähe,
wenn wir emotional
nur noch auf
Abstand sind?

Andauernd fällt mir
auf, was mir fehlt,
doch heute möchte
ich einfach mal
innehalten und
dankbar sein –
für all das,
was ich habe.

Der Anblick deiner Fingerspitzen,
und sofort spüre ich das
Kribbeln unter meiner Haut,
dein Duft hüllt mich ein,
Gänsehaut,
und mein Herzpochen
– ganz laut.
Kommst zu mir rüber,
während ich im Grün
deiner Augen ertrinke,
bis ich mich wieder
daran erinnere, dass
du nicht mehr mir
gehörst, deine Hand
schon an der Türklinke.
Gehst an mir vorbei,
als wär ich nicht da,
und was bleibt, ist
nur noch, was war.

Das Meer rauscht,
die Möwen kreischen,
wir beide tanzend am
Strand mit diesem
Gefühl von Freiheit
und Lebensfreude,
mit dir zusammen
weiß ich immer, dass
ich keine einzige
Sekunde vergeude.

Bist du auch manchmal so müde davon,
so zu tun, als sei ich dir egal?
Oder hast du uns schon längst vergessen,
während ich meine Kopfkinoleinwände noch immer
mit alten Erinnerungen bemal'?
Wir zwei zusammen sollten einfach nicht sein,
waren immer besser jeder für sich allein.
Und trotzdem tut's so verflixt weh, wenn ich dich seh,
und mein dummes, dummes Herz dich immer noch liebt,
während meinem Kopf längst klar ist, dass es
keine Zukunft für uns gibt.

Verdammt, wieso denk ich nur immer, dass alles, was in Zukunft kommt, besser sein wird als das, was ich jetzt habe?

So als wäre die Gegenwart Schwarzweiß, aber alles was später, später, später kommt so richtig in Farbe.

Wieso merk ich nicht, dass ich die Pinsel selbst in der Hand halte und jederzeit entscheiden kann, wann und was ich ausmale, anstatt ewig zu warten, warten, warten auf bessere Zeiten und mich so zu fühlen, als wäre ich hilflos und meinem Leben ausgesetzt, so als könnte ich nicht mitentscheiden, dabei bin doch ich diejenige, die mein Leben lebt und entscheidet und die die Zügel in der Hand hält. Wieso verschiebe ich dieses Glücklichsein immer auf die Zukunft und versuche mir einzureden, ich wäre es in der Vergangenheit gewesen, obwohl ich ganz genau weiß, dass ich es nicht war und ich in der Vergangenheit genauso auf die Zukunft hingearbeitet habe wie heute.

Wieso ist alles immer später, später, später besser, besser, besser, aber nie jetzt?

Wieso glorifiziere ich die Zukunft immer so sehr, dass es mich, wenn sie eintritt und ich nicht plötzlich glücklich und zufrieden bin, schier zerfetzt?

Wieso fällt es mir so schwer einzusehen, dass ich doch jetzt, in diesem Moment, in dieser Sekunde alles habe, um glücklich zu sein? Ich habe die Sonne und den Regen, den ich eigentlich noch lieber mag als die Sonne, einfach weil ich ihn so sehr fühle, auch wenn alle einen dann immer schräg anschauen. Ich habe Cookie-Dough-Eis und Pasta und Tiramisu und diesen viel zu süßen Holundersecco, der einfach so schön auf der Zunge prickelt. Ich habe meine Lieblingsbücher, deren Worte ich sogar auf meiner Haut verewige, weil sie so sehr ich sind, und ich habe diese unlustigen Memes, über die ich nachts um halb 3 viel zu sehr lache. Ich habe Menschen, die ich liebe und die mich lieben und denen ich wichtig bin, auch wenn ich das viel zu häufig nicht glauben möchte. Ich habe den Sonnenaufgang und den Sonnenuntergang und den blauen Himmel mit Zuckerwattewolken und den Geruch von frisch gemähtem Gras. Ich habe Taylor Swift und Florence Pugh und diese Filme, die ich immer wieder anschauen kann, und diese Lieder, die ich immer wieder so höre wie am allerersten Tag. Ich habe mich, denn ich kann so unglaublich gut allein sein und bin es vielleicht teilweise auch viel zu gerne. Ich habe Hundewelpen, und auch wenn ich sie nur auf Videos im Internet oder der anderen Straßenseite an der Leine von anderen Menschen betrachten kann, so habe ich sie dennoch und so heißt es nicht, dass mein Leben gerade schlecht ist. Ich habe all diese Dinge, und trotzdem wird die Zukunft immer besser sein. Oder nicht?

Wenn ich endlich mit der Schule fertig bin und mein Abitur habe, dann, ja dann ist alles besser, und es wird mir richtig gut gehen. Ahh nee, doch nicht. Aber wenn ich mit der Ausbildung fertig bin und diese Klausur und diese dumme Abschlussprüfung hinter mich gebracht habe, omg, dann, ja dann ist alles besser, und es wird mir richtig gut gehen. Ahh haha, nee, leider wieder nicht. Aber wenn endlich Sommerferien sind, wenn endlich der Urlaub ansteht, wenn ich endlich auf diesem Konzert bin und endlich das signierte Buch von meiner Lieblingsautorin habe, dann, ja, dann ist alles besser, und es wird mir richtig gut gehen. Glaubst du den Mist eigentlich immer noch? Aber Moment, Moment, wenn ich die 10K auf Instagram endlich erreicht habe und die Unfollower nicht mehr sehe und mir endlich diese eine Autorin folgt und ich endlich hinten auf diesem Buch stehe, dann, ja, dann ist alles besser, und es wird mir richtig gut gehen. Aber wenn ich endlich keine Antidepressiva mehr nehmen muss und meinen Traumjob gefunden habe und in London lebe, ich sag es euch: Dann, ja dann kann mich nichts und niemand mehr aufhalten, und ihr werdet sehen, wie VERDAMMT GLÜCKLICH ICH DANN BIN.

Ich bin so erschöpft davon, und ich will das nicht mehr. Immer auf dieses Gefühl von Euphorie und Stolz und Glück warten, darauf, dass ich endlich zufrieden bin, mit mir und dem, was ich mache und es dann letztendlich doch nicht bin und wieder verschiebe auf später, später, später.

Ich will mein Leben nicht verschieben, ich will es leben, und zwar jetzt, jetzt, jetzt. Ich habe Pinsel und Farbtöpfe und eine Leinwand, die vor mir liegt und nicht leer, aber eben auch nicht voll ist. Und ich will sie vollklecksen und bunt malen und Stellen übermalen und es immer wieder versuchen und dafür sorgen, dass die Leinwand irgendwann, wenn ich 80 bin, nicht leer sein wird, weil ich mich nie getraut und es immer aufgeschoben habe und immer darauf gewartet habe, dass die Leinwand irgendwann in ferner Zukunft mal ein perfektes Kunstwerk ist, das mich mit Stolz erfüllt. Denn meine Leinwand ist in jedem Moment, den ich lebe und nicht stillstehe, bereits ein Kunstwerk, vielleicht nicht perfekt, aber meins.

Später, später, später

Jetzt, jetzt, jetzt.

Mit dir in einem Feld aus
Wildblumen, Vogelgezwitscher,
zwischen deinen geflüsterten Worten
und deinem pochenden Herzen.
Daran zu denken, dass
dieser Moment irgendwann
enden und zur Erinnerung wird,
bereitet mir bittersüße Schmerzen.

Es gibt so viel, was wir nicht sehen,
und doch glauben wir immer, alles zu verstehen.
Urteilen über Menschen, ihre Kleidung,
ihr Verhalten, ihre Schminke und ihr Aussehen.
Darüber, wie viele Beziehungen sie haben, was sie
beruflich machen und wie oft sie auf Partys gehen.
Können wir, statt zu verurteilen, einfach versuchen
zu verstehen?
Einfach mal probieren, den Menschen hinter der Fassade
zu sehen?

Weil du ungeschminkt einfach so schön bist.
Weil mein Herz beim Anblick deiner
Sommersprossen alles vergisst.
Weil deine Grübchen und der kleine
Kakaosahnebart über deiner Oberlippe die
Welt zu einem besseren Ort machen.
Weil es keinen schöneren Klang gibt
als dein ehrliches, aufrichtiges Lachen.

Überall um mich herum ist Alltagsglück –
Regentropfen, Pasta in allen Variationen,
Bücher, Filme, E-Scooter fahren mit dir
oder wenn ich Gänseblümchen pflück'.
Selbst an den dunkelsten Tagen ist es
irgendwo zu finden, selbst wenn die
schwarzen Gedanken mal wieder laut
nach dir rufen.
Du musst nur genau hinschauen
und suchen.

Will nachts allein durch die Straßen laufen,
ohne Angst zu haben, dass mir was passiert.
In der Dunkelheit nach Hause gehen,
ohne mir Gedanken darüber zu machen, dass
sich jemand mit bösen Absichten in meine Nähe
an seine Gelüste verliert.
Will in einer lauen Sommernacht im kurzen Kleid
durch die grenzenlose Freiheit des Sternenhimmels
rennen, ohne in jedem Schatten hinter mir
eine potenzielle Gefahr zu erkennen.
Will in der mich umarmenden Dunkelheit einer Augustnacht
tanzend durch jede enge Gasse springen und dabei singen,
ohne schlechtes Gefühl was trinken und ein bisschen die
Kontrolle verlieren mit der inneren Gewissheit –
was soll schon passieren?!
Die Nacht gehört nur euch, und das find' ich nicht fair,
will Sorglosigkeit und Freiheit in der tiefschwarzen Nacht
– wie schön das doch wär'.

Ich bin eine alte Seele,
auch wenn ich damit den
modernen Zeitgeist verfehle.
Möchte dich zufällig irgendwo treffen,
vielleicht in der Bahn oder im Café,
wo wir uns jeden Tag sehen,
wo einer eines Tages den ersten Schritt macht
und langsam eine zarte Romanze erwacht.
Will nicht auf Tinder wischen
und in einem Sammelbecken aus gestellten Fotos
und aufpolierten Profilen fischen.
Will keine Filter, sondern
einfach nur was Echtes,
ist diese Sehnsucht nach ein bisschen
Filmromantik denn was Schlechtes?
Will tiefe Gespräche über
das Leben und die Welt,

nichts, was oberflächlichen Smalltalk enthält.
Will diesen
Zärtlichen-Hand-an-die-Wange-leg-Kuss
und nicht
Schnellen-Sex-ohne-Liebe-und-dann-ist-Schluss.
Will Liebesbriefe und Kerzenlichtnächte,
Ausflüge nach Paris, Blumen in jeder Farbe.
Will Alltagsromantik und zärtliche Küsse im Park,
dir auf den Rücken schreiben, was ich an dir mag.
Will keine schnelle Nummer sein oder zweite Wahl,
will die sein, die dir, eh' du dich versahst,
klammheimlich dein Herz mehr und mehr stahl.
Und ich weiß, das klingt kitschig, aber das kümmert
mich nicht – will genau diese Liebe, so wie Elizabeth
Bennett und Mr. Darcy, will genau dieses Feuerwerk
und die Schmetterlinge, gemeinsam durch Höhen und Tiefen
gehen und sich trotz allem treu bleiben und lieben.
Mein Lächeln, wenn ich dich
sehe, ein strahlendes Licht,
alles andere will ich nicht.

Die Gedanken ... sie kommen immer dann,
wenn es still ist.
Als ob die Stille dafür sorgen will, dass mein Kopf
auch ja keine meiner Ängste vergisst.
Sobald es still ist, könnte nichts lauter sein
als die Dunkelheit in mir.
Brauche Lärm und 'ne Taschenlampe,
damit ich mich nicht in ihr verlier'.

Niemand wird bemerken, dass sie geweint hat, denkt sie sich, während sie den Lippenstift nachzieht. Zu dem Schmerz in ihrem Herzen passt nichts von der fein säuberlichen Maske, die sie im Spiegel sieht.

Immer, wenn ich gerade dabei bin, dich zu vergessen,
kommst du wieder
und reißt meinen sorgsam aufgebauten Herzschutzpanzer
einfach nieder.
Du weißt gar nicht, was du mit deinem ständigen
Auftauchen nach langer Abwesenheit mit
mir machst,
verdammt, ich hab' so lang' gebraucht, um nicht mehr
ständig daran zu denken, wie es sich anhört, wenn
du lachst.
Machst du das mit Absicht, macht es dir Spaß, merkst du
es nicht?
Wie diese endlose Erinnerung an uns und an das, was
hätte sein können, mich langsam, aber
sicher zerbricht?
Bitte lass doch endlich zu, dass ich dich aus meinem
Leben streiche, möchte mit
uns abschließen,
meine Gefühle wie vertrocknete
Pflanzen gießen,
sodass sie wachsen und ich wieder ohne dich leben und
lieben kann,
vielleicht funktioniert das ja eines Tages,
nur ... wann?

Du bist so schön,
egal ob rasiert oder nicht
und völlig unabhängig von deinem Gewicht.
Du bist so schön,
ungeschminkt und mit ungewaschenem Haar,
mit Pickeln und Akne und auch dem Mitesser da.
Du bist so schön,
mit jedem Dehnungsstreifen, deinen Kurven,
Speckröllchen und Narben.
Du bist ein verdammtes Kunstwerk
in den allerprächtigsten Farben.

Gehe allein durch die Straßen meiner neuen Heimatstadt,
bewundere all die schönen Gebäude, die sie hat.
All die alten und neuen, grauen, weißen, bunten Fassaden,
jeden einzelnen großen oder kleineren Laden.
Irgendwo dazwischen ich mit meinem Sorgenherz und
der Angst, die immer viel zu laut schreit,
hätte nicht gedacht, dass ich mal alleine hier wohn',
noch vor gar nicht allzu langer Zeit.
Und doch bin ich jetzt hier mit all meinen Facetten,
hab' mich gelöst von den schweren Sorgenketten.
Noch ist nicht alles perfekt,
in jeder dunklen Ecke sind Ängste und Zweifel versteckt.
Und trotzdem möchte ich sie feiern, die Erfolge,
egal, ob groß oder klein,
will einfach mal nicht zweifeln,
sondern verdammt stolz auf mich sein!

Zuckerwattewolken und du liegst neben mir,
der Geschmack von viel zu süßen Cocktails
auf meinen Lippen, dein lautes Lachen und
die warme Sommerluft, nirgendwo
wäre ich jetzt lieber als hier mit dir.

Und plötzlich wird mir
klar, dass alles nur eine
Momentaufnahme ist.
Dass du, was auch passiert,
in meiner Erinnerung
immer bei mir bist.
Dass ich dich eigentlich
gar nicht verlieren kann,
auch wenn ich so oft
Angst davor habe, denn
verdammt, die Zeit
schreitet so schnell voran.
Aber vergessen werde ich
sie nie, unsere gemeinsamen
Momente, dein Lachen und
die Wärme deiner Umarmungen
und die Geborgenheit, die
ich immer nur fühl bei dir.
In meinem Herzen und meiner
goldenen Gedankenschatzkiste
bleibst du für immer bei mir.

Nicht jeder ist ein echter Freund.
Das zu lernen, hab' ich lange versäumt.
Dachte immer, jeder, der nett zu mir ist,
mag mich auch wirklich gern.
Dass jemand dann hintenrum schlecht über mich reden
könnte, lag mir so unglaublich fern.
Und doch ist es mir immer und immer wieder passiert.
Hab' alles gegeben und war am Ende doch diejenige,
die verliert.
Bin ich zu vertrauensselig oder einfach nur naiv?
Wie kann es sein, dass ich mich immer wieder im
Labyrinth der falschen Freundschaft verlief?

Sensibel, schüchtern, leise,
introvertiert oder vorsichtig
zu sein bedeutet nicht,
schwach zu sein!

Umgib dich mit Menschen, bei
denen du sein kannst, wie du bist.
Bei denen du keine Maske
aufsetzen oder dich verstellen
musst und bei denen jede
deiner Facetten wichtig ist.

Ich frage mich häufig, ob es anderen auch so
schwerfällt, ihren Weg zu finden.
Ob bei ihnen auch ab und an die Hoffnung und Zuversicht,
in diesem absurd weiten Meer aus Möglichkeiten
die eigene Berufung zu finden, schwinden.
Ob sie wohl auch schon dachten, ganz genau
zu wissen, was sie wollen, und es dann nach
einigen Versuchen doch nicht hat sein sollen.
Fühl' mich oft so hilflos, orientierungslos,
überfordert und verloren,
kann kaum meine eigene Stimme hören und
gleichzeitig so viele fremde Meinungen
in meinen Ohren.
Jeder will was, jeder weiß was,
alles ist so furchtbar laut,
merkt ihr nicht, dass diese Selbstfindung
oder generell das Erwachsenwerden
bei mir grad so gar nicht hinhaut?

Stickige Luft, ständig ruckelt es,
und alles ist viel, viel, viel zu nah.
Kann nicht mehr richtig durchatmen,
meine Sicht durch Angst vernebelt,
verschwommen, unklar.
Mein Griff wird fester, ein schrilles
Piepen, noch ein einziges Mal
eng an eng,
und dann ist endlich Schluss.
Es ist so lächerlich, weil so alltäglich,
aber ich kann nicht mehr, endlich raus,
aus dem
Bus.

Fühl' mich an so vielen Orten fremd,
fange immer ganz motiviert was an,
bevor ich es dann fluchtartig wieder beend'.
Weiß nicht, vor wem ich andauernd davonrenn',
ob vor mir selbst oder den anderen Leuten,
fliehe vor Dingen, die mir Angst machen,
obwohl sie mir eigentlich was bedeuten.
Wird das immer so sein oder komme ich
irgendwann auch mal an?
Will nicht immer wieder mit Bauchschmerzen
aufstehen, sondern das Gefühl haben,
dass ich etwas gerne mache und mich nicht
fehl am Platz fühle, sondern einfach mal
durchatmen kann.

Ich mache mir um dich immer
viel zu viele Sorgen.
Abends, bevor ich einschlafe
und auch direkt am frühen Morgen.
Meine schlimmste Angst ist es,
dich zu verlieren,
stell mir immer vor:
Was könnte dir alles passieren?
Ist das ein normales Zeichen von Liebe
oder mein mit zu viel Angst gefüllter
Körper?
Jedenfalls raubt mir die Verlustangst
viel zu oft die Wörter.

Du sagst, es ist vorbei,
und ich sehe nur die Lavendelblüten.
Du sagst, dass das mit uns doch
schon lange nicht mehr so wie früher sei,
und ich sehe nur die Lavendelblüten.
Du sagst, du liebst mich nicht mehr,
und ich sehe nur die Lavendelblüten.
Du sagst, du hättest es doch versucht,
immer wieder, so, so sehr,
und ich sehe nur die Lavendelblüten.
Du sagst, dein Koffer ist gepackt
und sie wartet unten auf dich.
Zurückbleiben nur mein zertrümmertes Herz,
die Lavendelblüten und ... ich.

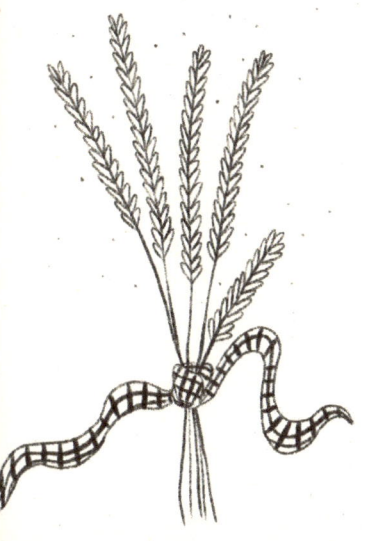

Es ist dunkel, dunkel, dunkel,
und du bist der einzige Lichtstrahl.
Ich muss dir folgen, immer folgen,
oder hab ich vielleicht doch eine Wahl?
Du hast langsam, ganz langsam jede einzelne
Lampe in meinem Leben ausgeschaltet,
hast über meinen Freundeskreis, meine Familie,
meine Gefühlswelt gewaltet.
Hast mich in die Dunkelheit gezogen, immer
tiefer, bis ich dachte, ich sei der Grund
und du mein einziges Rettungsseil,
dabei blinkte über deinem Kopf unaufhörlich
ein »Exit, Exit, raus hier!«-Pfeil.
Hast dafür gesorgt, dass du die einzige
Taschenlampe bist, die mir geblieben ist,
doch du hast nicht damit gerechnet, dass
ich plötzlich meine eigene Sonne vermiss'
und merke, dass du hier eigentlich das schwarze Loch bist.

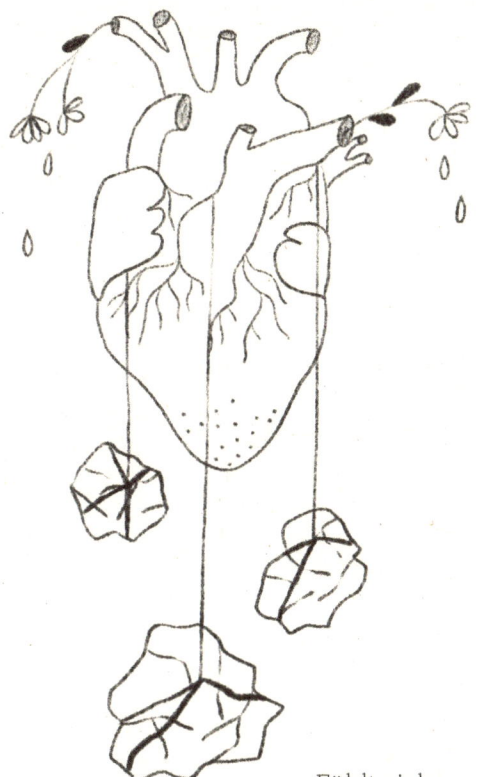

Fühlt sich so an, als hingen
Betonklötze an meinem Herzen.
Sie ziehen es hinunter in die
dunkle Tiefe und verursachen
unerklärliche Schmerzen.
Sie ziehen es immer tiefer
und tiefer, bis ich kaum noch
was fühle, kein Licht mehr sehe,
bis ich nur noch ins Bett und
schlafen will, weil es zu anstrengend
ist, wenn ich auf beiden Beinen stehe.

Ich weiß, dass es nicht gut ausgeht, und trotzdem
bringe ich mich immer wieder in diese Situationen.
Könnte es eigentlich vermeiden und dagegen ansteuern,
trotzdem schaffe ich es nicht, mich davor zu verschonen.
Renne immer wieder mit voller Absicht gegen die Wand
und frage mich dann, wieso der Aufprall so wehtut.
Dabei müsste ich mich dem Problem einfach mal stellen,
statt wegzurennen, dann würd' wahrscheinlich alles gut.

Wir waren alle noch so jung
und vermutlich habt ihr euch
gar nicht viel dabei gedacht.
Und trotzdem habt ihr mit
euren rasierklingenscharfen
Worten so viel in mir
kaputt gemacht.
Ihr habt Selbstzweifel gesät,
mich dazu gebracht, mein
eigenes Spiegelbild zu hassen.
Mit jedem schiefen Blick,
jedem bösen Wort hinter
vorgehaltener Hand und
jedem lauten Lachen
habt ihr Narben auf
meiner Seele hinterlassen.
Während ihr heute gar nicht
mehr an mich denkt und
unbekümmert eurem Leben
nachgeht,
bin ich diejenige, die
nach all den Jahren immer noch
mit eingezogenen Schultern,
einem negativen Selbstbild und
der permanenten Angst vor
Ablehnung, Lästereien und
giftgetränkten Worten
dasteht.

Du fragst, wie es mir geht,
aber eigentlich willst du
es gar nicht wissen.
Du bist definitiv über uns
hinweg, denn sonst wüsstest du,
dass ich nicht damit aufhören kann,
dich zu vermissen.
Du müsstest nicht fragen,
wie es mir geht, denn du würdest es
an meinen Augenringen erkennen,
du würdest sehen, dass ich,
sobald ich dich dort an der Kasse
hab' stehen sehen, nichts lieber
wollte, als wegzurennen.
Deine Augen leuchten mich an,
deine Stimme so beschwingt und leicht,
dass mein notdürftig zusammengeflicktes
Herz fast wieder bricht und bricht und bricht,
spätestens jetzt weiß ich, dass ich immer noch
leide und liebe und nicht vergessen kann,
aber du ... nicht.

Du weißt, dass man im Internet häufig nur
die schönen Dinge sieht und nicht alles, was
dir gezeigt wird, wahr ist.
Und trotzdem sind da all diese schönen,
makellosen, erfolgreichen Menschen, die dir
regelrecht entgegenschreien, dass du
einfach nicht genug bist.
Du weißt, dass Abonnenten und Likes und
Zahlen so unwichtig sind und dich
nicht definieren.
Und trotzdem zweifelst du jedes Mal so
stark an dir und dem, was du tust, wenn
du mal wieder dabei bist, Abonnenten
zu verlieren.
Du weißt, dass du dich nicht vergleichen
solltest, weil du dabei am Ende sowieso nur
verlieren kannst und Vergleiche nie
etwas bringen.
Und trotzdem schaust du dir so lange an,
was andere geschafft haben und du nicht,
bis die Selbstzweifel
dich niederringen.
Du weißt, dass das Internet oftmals eine
Scheinwelt und voller Oberflächlichkeiten,
Missgunst und Lügen ist,
wieso kommt es dann immer wieder dazu,
dass du dich an Menschen und Erfolgen
im Internet misst?

Wie schön es wäre, würde es so etwas
wie Herzpflaster
geben,
dann könnte man über jedes gebrochene Herz,
jeden Liebeskummer und jede
seelische Narbe ein buntes,
tröstendes und heilendes Pflaster
mit lustigem Tiermotiv
kleben.

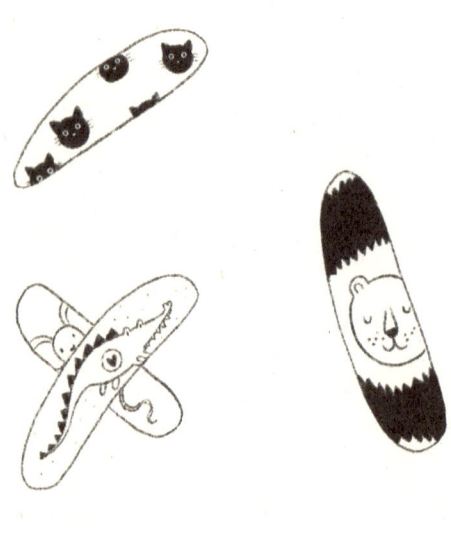

Ich war noch nie gut im Reden, immer
so viel besser im Schreiben,
sobald ich jemanden kennenlerne und
mich traue, ihn anzuschreiben, weiß
ich schon, es wird beim Chat
über WhatsApp bleiben.
Sprachnachrichten sind auch noch
okay, aber schon beim Telefonieren
trifft mich die Panik
mit voller Wucht,
und spätestens, wenn sich
die Person mit mir treffen
will, bleibt nur
noch die
F l u c h t.

Es gibt so viele Möglichkeiten
auf dieser Welt,
so viele Berufe, Optionen und
Chancen, wie kann es sein,
dass mir trotzdem nichts einfällt?
Fühle mich wie ein kleiner Fisch
in einem viel zu großen Haifischbecken,
Meinungen, Urteile, Ratschläge,
benötigte Qualifikationen, Zeugnisse
und Erfahrungen an allen Ecken.
All das macht mir Angst und lähmt,
nichts, was ich versuche, ist richtig,
dabei ist die Wahl eines Berufswegs
und eine Zukunftsperspektive doch
so verflixt wichtig.
Möchte doch einfach nur morgens
aufstehen und nicht mit Bauchschmerzen
zur Arbeit gehen,
möchte etwas, was mich erfüllt, was
ich gut kann und worauf ich mich
vielleicht sogar freue –
kann mich irgendjemand verstehen?

Introvertiert zu sein, ist
keine Schwäche, kein Makel,
nicht komisch oder falsch,
es bedeutet einfach nur,
dass du ab und zu Ruhe
brauchst, um deine eigenen
Gedanken zu hören in dieser
oftmals viel zu lauten und
hektischen Welt. Es bedeutet,
dass du ab und zu deine
innere Batterie aufladen
und auf dich achten musst,
es bedeutet, dass du
vielleicht mehr Ruhe brauchst
und auch mal Termine absagen
musst und vielleicht nicht
jeden Abend unterwegs bist,
aber all das macht dich nicht
weniger stark und wertvoll
und wundervoll, als jeder
andere Mensch es ist.

Manchmal muss man aufpassen,
dass man nicht immer nur
gibt und gibt und gibt,
während die andere Person nur
nimmt und nimmt und nimmt,
man muss auf dieses Bauchgefühl
achten, dass einem sagen will,
dass hier etwas absolut nicht stimmt.
Manchmal fällt es einem schwer, zu
sehen, dass man nie etwas zurückbekommt,
und es tut weh, sich von Menschen
zu trennen,
aber bevor man irgendwann leergesaugt ist
und sich selbst vergisst, bleibt einem
manchmal nichts anderes übrig,
als zu rennen.

Ich komme mir so albern und lächerlich
vor, wie ich, jedes Mal bevor ich ins
Treppenhaus gehe, vor der Wohnungstür stehe
und lausche, ob da jemand ist, der mir
vielleicht über den Weg läuft, während
der Poststapel im Flur immer unübersichtlicher wird
und sich mein Wäscheberg häuft, weil ich mich teilweise
einfach nicht traue runterzugehen,
weil es eine so große Hürde ist und
meine bescheuerte Angst dafür sorgt,
dass ich halt einfach an der Tür
stehen bleibe, und ich weiß, dass ist
für andere so schwer zu verstehen,
ich kann mich ja selbst deshalb viel zu oft
nicht mehr im Spiegel ansehen,
möchte einfach normal sein und
ohne Angst vor Begegnungen mit meinen
Nachbarn die Treppe hinuntergehen.

Ich weiß gar nicht, ob ich Kinder will.
Ach, das kommt schon noch mit der Zeit, das habe
ich in deinem Alter auch gedacht.

Ich weiß gar nicht, ob ich heiraten will.
Ach, das kommt schon noch mit der Zeit, wenn du
erst mal den richtigen Mann getroffen hast.

Ich weiß gar nicht, ob ich Karriere machen will.
Ach, das kommt schon noch mit der Zeit, wenn du einen
Job gefunden hast, der dir wichtig ist.

Ich weiß gar nicht, ob ich hier wegziehen will.
Ach, das kommt schon noch mit der Zeit, wenn dir der
Ort zu klein wird und du dich nach Abwechslung sehnst.

Ja, aber was, wenn nicht? Was, wenn es nicht kommt?
Wieso kann es nicht einfach in Ordnung sein, wenn ich
nicht will, was ihr wollt, wenn ich nicht das will, was
alle für die Norm halten?

Sie sieht ihn dort am Kleiderbügel
hängen, den hellblauen Badeanzug
mit kleinen Gänseblümchen drauf,
der Stoff so weich und bequem,
sie hat extra dafür gespart, damit
sie ihn endlich kaufen kann, und
jetzt ist es so weit, der Sommer ist
da, und sie möchte sich am Nachmittag
mit ihren Freundinnen im Freibad
treffen, und jetzt streift sie ihn
über, der Stoff streichelt ihre Haut,
sie muss lächeln, doch dann schaut
sie in den Spiegel und ihr Lächeln
verrutscht, sie sieht plötzlich diese
Speckrolle am Bauch deutlich hervortreten,
die ihr zuvor in der Umkleidekabine gar nicht
so aufgefallen ist, und dann sind da diese
komischen blassrosa Streifen auf ihren
Oberschenkeln, und war der Ausschnitt
schon immer so weit, dass man ihre
Brüste so sehr sieht? Sie zupft und
zieht am Badeanzug herum, eine halbe
Stunde lang, bis ihre Mutter sie ruft,
Es ist Zeit, du musst los!, und sie
zieht sich ein weites T-Shirt und eine
Shorts an, rennt nach unten,
*Ich kann heute nicht schwimmen, ich
habe meine Tage*, sagt sie und der
hellblaue Badeanzug mit den kleinen
Gänseblümchen verschwindet in der
hintersten Ecke ihres Kleiderschranks,
bis sie ihn irgendwann vergessen hat.

Mit dir ist Glücklichsein so leicht.
Bin deine erste Wahl, nicht dein Vielleicht.
Mit dir ist Glücklichsein keine Pflicht.
Liebst mich mit einem Lächeln, aber auch
verweintem Gesicht.
Mit dir ist Glücklichsein furchtlos.
Traue mir an deiner Seite alles zu, keine
Hürde ist zu groß.
Mit dir ist Glücklichsein auch mal Streit und
Tränen und dem Gedanken »Ist jetzt Schluss?«
und einer festen Umarmung, Entschuldigung,
und einem sanften Kuss.
Mit dir ist Glücklichsein so perfekt
unperfekt, alles andere als makellos,
mit dir ist Glücklichsein die Gewissheit:
Ich lass' dich nie mehr los.

Bin beschwipst vor Glück, wenn ich dich
da, umhüllt vom Mondlicht, stehen sehe,
wie dein Lächeln heller strahlt als der
Mond es je könnte, deine Lippen bewegen
sich, doch ich bin so gefangen in deinem
Anblick, dass ich nichts verstehe.
*Möchte dich in diesem Moment so sehr
küssen, noch mehr als ich Schmetterlinge
im Bauch habe,* denke ich, während ich
»Ja, du bist auch mein bester Freund« sage.

Du bist so viel mehr
als die Zahlen in deinem Leben.

Du bist mehr als
... die Zahl auf der Waage
... deine Kleidergröße
... dein Kontostand
... die Anzahl deiner Follower*innen
... die Likes bei deinem letzten Bild
... die Noten auf deinem Zeugnis
... die Zahl der Bücher in deinem Regal
... die Anzahl der Beziehungen, die du schon hattest oder
    eben auch nicht
... dein Alter
... die Anzahl der Jobs, die du bisher hattest
... die Monate oder Jahre, die du für eine Prüfung
    oder einen Abschluss benötigst

Du bist mehr!

An jeden, der über mich lästert
oder es mal getan hat:
Ich hoffe, du weißt, wie weh
mir jedes einzelne dieser Worte tut.
Ich hoffe, du weißt, dass du mir
damit immer und immer wieder
all meinen Mut raubst.
Ich hoffe, du weißt, dass die
seelischen Narben, die du mir
damit zufügst, nie wieder
erblühen in lebensbejahenden Farben.
Ich hoffe, du weißt, dass die
Unsicherheit, die du damit
hervorrufst, jeden Tag auf
meinen Schultern ruht.
Ich hoffe, du weißt, dass ich
an dunklen Tagen immer an
deine Worte denken muss und
in ihnen ertrinke als wären
sie eine Sturmflut.
Und ich hoffe, dass es dir
eines Tages, wenn du all das
selbst erlebst, vielleicht
ein wenig leidtut.

Gerade am Tisch Platz genommen, Familientreffen
und direkt die Frage, wie es denn in meinem
Liebesleben so läuft,
ganz nebenbei und doch anscheinend so wichtig,
während sich jeder Klöße und Rotkraut auf den
Teller häuft.
Nicht etwa, wie es mir geht oder was die Arbeit
macht oder ob ich mich in der Wohnung wohlfühle
oder wie es ist, die Sicherheitsnetze der
Kindheit mehr und mehr zu verlieren,
nein, nur mein Beziehungsstatus ist wichtig
und die Tatsache, dass ich mal wieder keinen
Partner mitgebracht hab',
als würde mich
einzig und allein das definieren.
Als wäre ich als Single nicht genug wert oder
als wäre ich irgendwem Rechenschaft schuldig
oder als würde ich was falsch machen.
Du musst aufpassen, die Uhr tickt,
nicht, dass du da als alte Jungfer endest,
sagen sie mit einem falschen Lachen.
Bin diese Diskussionen und die ständigen
Rechtfertigungen so leid, mir geht es doch
gut als Single, auch auf mich selbst ist
genug Verlass,
ja, das ist möglich, man kann allein glücklich sein,
überrascht euch das?

Liege ausgestreckt auf dem
Zimmerboden und bade im
Mondlicht,
so viele Gedanken gehen mir
durch den Kopf, doch so
richtig greifen kann ich
sie alle nicht.
Schaue wieder zum Mond,
warte auf ein Zeichen,
er ist so groß und scheint
so nah, als könnte ich ihn
mit einem Handgriff erreichen.
Und mir wird klar,
der Mond
er ist immer nah,
und selbst wenn in dieser
Welt nichts beständig ist,
nichts bleibt und nichts
stillsteht,
ist das Mondlicht eine
Konstante, die nie
vergeht.

Ich bin es so leid, dass deine Worte
so viel Macht über mich haben und ich
deine Stimme einfach nicht aus meinem
Kopf kriege.
Dass ich mich wegen dir nicht mehr traue,
gewisse Sachen zu tragen oder mir Zöpfe
zu flechten, und mir vorstelle, wie du
mich auslachst, abends, wenn ich im
Bett liege.
Eigentlich sollte mir egal sein, was du
sagst, und deine Meinung ist mir ja auch
nicht wichtig.
Und trotzdem bekomme ich Bauchschmerzen
beim Gedanken daran, was du morgen wieder
für gemeine Dinge über mich sagen wirst,
also ... so richtig.
Du bist der Grund dafür, weshalb sich die
Unsicherheit und Selbstzweifel in mir
ausbreiten, wie ein Wasserfarbklecks auf
Papier,
während du lachst und lebst und liebst und
Spaß daran hast, mich kleinzumachen, mag ich
immer weniger an mir.

Als Kind war es so einfach, neue Freundschaften
zu schließen und auf andere Kinder zuzugehen,
einfach im Sandkasten dieselbe Schaufel benutzen
und gemeinsam Sandkuchen essen, und es war klar,
man würde sich von nun an gut verstehen.
Man hat vorher nicht ewig überlegt, wie man wohl
auf andere wirkt, ob man sich vorher schminken muss,
ob man gut genug aussieht und was man sagen soll,
man hat einfach die Chance ergriffen, war komplett
man selbst, mit marmeladenbeschmiertem Mund und
einem kleinen Löwenherz, war so sorglos und ohne
Vorurteile, man fand sich gegenseitig so schnell toll.
Gelegentlich wünschte ich, es wäre heute immer noch
so leicht und ich würde mir nicht um alles so viele
Gedanken und Sorgen machen,
einfach miteinander Sandkuchen essen und all die
Zweifel und Tränen gemeinsam fortlachen.

11:11 Uhr und ich muss schon wieder an dich denken.
Zwei Monate ist es her, und mein Herz ist
immer noch viel zu schwer,
wollte mich nie von jemandem abhängig
machen, und trotzdem fühle ich mich
einfach nur leer.
11:11 Uhr und ich muss schon wieder an dich denken.
Die Erinnerung, wie du meine Nasenspitze
geküsst hast und daraufhin lachst,
wie du mir versprichst, dass du das jetzt
immer um 11:11 Uhr machst.
11:11 Uhr und ich muss schon wieder an dich denken.
Ob du jetzt ihre Nasenspitze küsst und
sie um 11:11 Uhr auch immer an dich denkt?
Ob sie dir, so wie ich, auch ihr ganzes
Herz schenkt?
11:11 Uhr und ich muss schon wieder an dich denken.
Ich frage mich, ob diese Uhrzeit für mich
immer verflucht sein wird, ob mein Körper
um diese Uhrzeit immer schmerzen wird und
alles kurz stillsteht.
Oder ob ich irgendwann gar nicht mehr darauf
achten werde, ob 11:11 Uhr irgendwann eine Uhrzeit
sein wird wie jede andere und ob irgendwann
wohl der Schmerz vergeht.

Ich möchte dich so gerne in den Arm nehmen
und dir sagen, dass die 5 in Mathe auf
deinem Zeugnis dich nicht definiert.
Dass dein Wesen und dein Charakter durch
die 4 in Chemie nicht an Wert verlieren.
Ich möchte dir sagen, dass es überhaupt
nichts über dich aussagt, ob du in der
Klausur gut abschneidest oder nicht,
möchte verhindern, dass bei jedem
abwertenden Kommentar von einem
Lehrer dein Herz in kleine Stücke bricht.
Ich möchte dich immer wieder daran
erinnern, dass du so viel mehr bist
als deine Noten, so viel mehr als
irgendwelche Zahlen auf Papier,
daran, dass du klug und schön
und wertvoll und wichtig bist
und daran, dass du alles schaffen
kannst, was du willst, auch mit
der 5 in Mathe –
ich hoffe, du glaubst mir.

So dankbar ich für Instagram
und Social Media auch bin,
so sehr verfluche ich es
auch hin und wieder. Weil ich
vor Instagram nicht ständig
und überall versucht habe,
dass perfekte Bild zu
schießen, anstatt einfach
den Moment zu genießen.
Weil ich vor Instagram
nicht schon zu jedem Buch,
das mich interessiert,
eine vorgefertigte Meinung
hatte, sondern mich einfach
ganz vorurteilsfrei darauf
einlassen konnte.
Weil ich vor Instagram
einfach in einem Buchladen
stöbern konnte und häufig
überrascht wurde, weil ich
nicht schon über jede
Neuerscheinung Bescheid
wusste und die Bücher

schon alle kannte.
Weil ich vor Instagram
nie meinen Selbstwert
von Follower*innen oder
Likes oder Reichweite
abhängig gemacht habe.
Weil ich mich vor
Instagram nie mit
Bildern von anderen
Menschen verglichen
oder mich schlecht
gefühlt habe.
Weil ich mich durch
Instagram so häufig
fühle, als sei ich
nicht gut genug,
nicht hübsch genug,
nicht kreativ genug,
nicht talentiert genug,
nicht erfolgreich genug,
nicht beliebt genug,
nicht perfekt genug.

Woran ich denke
ist oft schwer
zu beschreiben,
würde mein
Gedankenchaos häufig
lieber meiden.
Zerdenke immer alles,
was ich sage und tue,
vor allem die
Selbstzweifel lassen
mir absolut keine Ruhe.
Wie seh' ich aus, wie gehe
ich, was habe ich gesagt,
mein innerer Kritiker sorgt
dafür, dass jede unnötige
Kleinigkeit an mir nagt.
Doch gelegentlich ... da denke ich
an wilde Träume und
das Leben in bunten Farben,
male Glitzersternchen um
all meine Narben.
Und dann werde ich wieder
daran erinnert, dass sowohl
Schatten als auch Licht
wichtig sind,
solange ich immer
irgendwann den
hellen Weg wiederfind'.

Eine Liste von Dingen, auf die du stolz sein kannst:

- Wenn du heute Morgen aus dem Bett aufgestanden bist
- Wenn du einen (wichtigen) Anruf erledigt hast
- Wenn du einen Termin beim Arzt gemacht hast
- Wenn du dir etwas gekocht hast
- Wenn du dein Zimmer/deine
  Wohnung sauber gemacht hast
- Wenn du auf eine fremde Person zugegangen bist
- Wenn du allein in ein Café, Restaurant
  oder ins Kino gegangen bist
- Wenn du für dich und deine Gefühle eingestanden bist
- Wenn du geweint und einfach mal
  alles rausgelassen hast
- Wenn du deine Meinung gesagt hast
- Wenn du über deinen Schatten gesprungen bist
- Wenn du einen Schritt aus deiner Komfortzone
  hinausgewagt hast, egal, wie klein oder groß
- Wenn du etwas getan hast, was dich
  Überwindung gekostet hat, völlig unabhängig
  davon wie leicht es anderen Menschen fällt
- Wenn du dieses Kleid oder diesen Rock
  oder diese Shorts getragen hast, obwohl du
  dich sonst immer unwohl darin fühlst
- Wenn du an der frischen Luft warst,
  auch wenn es nur kurz war
- Wenn du immer und immer wieder aufstehst und dich
  nicht unterkriegen lässt, trotz all der dunklen Phasen
- ... ich bin stolz auf dich, sei du es auch!

Viel zu oft ist es für mich unvorstellbar,
dass mich jemand lieben könnte. Kann mir
einfach nicht vorstellen, dass mich wer
auf der Straße sieht und sich denkt:
Hey, die ist aber süß, hübsch, interessant,
whatever, die würde ich gerne kennenlernen.
Kann mir einfach nicht vorstellen, dass
jemand mein Gesicht mit den Pickeln und
Mitessern und meine platten, teilweise
fettigen Haare anschaut und mich trotzdem
... liebenswert findet. Kann mir einfach
nicht vorstellen, dass mich jemand küssen
oder mir nah sein will. Kann mir einfach
nicht vorstellen, dass sich jemand zu mir
hingezogen fühlt, ja, sogar zu meinem
nackten Körper mit den ungleichmäßigen
Hängebrüsten und diesen Speckrollen am
Bauch und den breiten Oberschenkeln und
den Adern, die man überall durch meine viel
zu weiße Haut schimmern sieht. Kann mir
einfach nicht vorstellen, dass mich jemals
jemand begehrenswert finden könnte oder
sein Leben mit mir verbringen wollen würde.
Es macht mich so traurig, aber ich kann mir
das einfach nicht vorstellen.

Ab und zu wünsch' ich mir, ich wäre ein Superheld,
könnte Feuerkugeln werfen, Spinnennetze aus der Hand
schießen, richtig gut kämpfen und mehr, dann wär sicher
nicht alles besser, aber vielleicht weniger schwer.

Müsste mir keine Gedanken darüber machen, was ich
beruflich machen will, wäre ja beschäftigt damit, die
Welt zu retten und Bösewichte gibt's genug, wetten?

Superhelden mag doch jeder, müsste mich also
nicht andauernd fragen, ob ich gut genug bin und
was andere von mir denken, könnte mir die ganzen
Unsicherheiten und Selbstzweifel schenken.

Bräuchte auch keine Angst mehr haben vor dunklen
Gassen und Gestalten, die in ihnen lauern, denn
nachdem ich sie mit meinen Superheldenkräften bekannt
gemacht habe, kann man sie nur noch bedauern.

Würde mich gebraucht fühlen und einen Sinn
in dem sehen, was ich täglich mache, Angst vor
der Zukunft oder davor, dass ich niemals meine
Leidenschaft finde? – dass ich nicht lache!

Ja, die dunklen Gedanken, die Traurigkeit, die Leere und
Schwere würden auch nicht einfach so verschwinden,
aber die Ablenkung würde mich immer wiederfinden.

Natürlich ist das Unsinn, ich bin kein Superheld und werde
auch nie einer sein, aber ganz ehrlich? Ich mag sie, meine

Träumerei'n.

Ab und an, wenn ich
ganz, ganz tief in
einem schwarzen Loch sitze,
wenn ich erdrückt werde
von Gedanken, finster wie
die tiefste Nacht, von
Ängsten und Selbstzweifeln
und dem Elefanten, der auf
meiner Brust sitzt, mich
kaum atmen, geschweige
denn, leben lässt, wenn
ich glaube nie mehr Licht
sehen zu werden, dann
plötzlich taucht er auf,
schimmernd und hoffnungsvoll,
mutmachend und glitzernd,
mich daran erinnernd, dass
es immer irgendwann hell wird,
es immer einen Weg aus diesem
schwarzen Loch gibt, ich das Licht
in mir trage und es wieder bergauf
gehen wird, immer:
der erste Sonnenstrahl.

Wenn es einem Menschen, den ich liebe, schlecht geht, finde ich immer die richtigen Worte. Weil ich extra Komplimente für ihn horte. Fällt mir aber auch nicht schwer, denn sie sind alle wahr, meine beste Freundin ist für mich ein Superstar. Wünschte, sie würde sehen, was ich sehe, wünschte, sie würde sich verstehen, wie ich sie verstehe. Du bist so schön, dein Lächeln blendet. Wenn du es zeigst, möchte ich, dass es niemals endet. Deine Augen sind Magie und deine Haare wie Gold, wie gern ich auch so eine Ausstrahlung wollt. Du kannst zuhören wie niemand sonst, wie du mit deinem Charme von mir einfach alles bekommst. Deine Figur ist perfekt, genauso wie sie ist, wie du für mich einfach der beste Mensch bist. Niemand bringt mich so zum Lachen, mit dir kann man den allerbesten Quatsch machen. Wer dich nicht will, der verpasst einen Schatz, jedem der dich schlecht behandelt, hätte ich fast mit der Bratpfanne einen verpasst. Wenn du leidest, dann leide ich noch mehr, hast du Liebeskummer, schmerzt mein Herz auch sehr. Du verdienst alles Glück der Welt, bist mehr wert als alles Geld der Welt. Wenn ich dich tröste und du dich hasst, wünschte ich immer, du würdest dich so lieben, wie ich es tue, würdest sehen, dass alles an dir passt.

Aber weißt du, was ich mich auch hin und wieder frage?

Was ich häufig in meinem Herzen herumtrage? Ich
frag' mich, wieso fällt es mir bei dir so leicht, dafür zu
sorgen, dass dich kein einziger Zweifel erreicht?

Wenn ich doch selbst vor dem Spiegel stehe
und immer wieder hasse, was ich sehe.

Wenn du dann diejenige bist, die versucht
mich davon zu überzeugen, dass alles, was
ich über mich denke, nur Mist ist.

Wieso können wir uns nicht sehen wie
die Menschen, die uns lieben?

Wieso lassen wir bei uns selbst immer
die dunklen Gedanken siegen?

Manchmal wünschte ich, ich könnte mich
selbst besser verstehen, könnte sehen, wie
Ängste und dunkle Gedanken entstehen.

Vor allem wenn ich im Bett liege und mich frage,
wieso ist es wieder einer dieser dunklen Tage?

Manchmal rast mein Herz viel zu sehr und
dann ist es auf einmal unendlich schwer.

Manchmal bin ich so voller Energie – wieso halte
ich nicht still –, weil meine Angst mich einfach
nicht zur Ruhe kommen lassen will.

Manchmal jedoch ist jedes einzelne Körperteil so schwer, mein
Herz, mein Bauch, mein Kopf, meine Seele – alles so leer.

Hab' Angst vor der Zukunft und auch in meinem Leben
allgemein, nichts zu schaffen, kann mich jedoch beim
besten Willen nicht zu irgendetwas aufraffen.

Wenn ich liegen bleibe, werden die dunklen
Gedanken siegen, das weiß ich, und doch hat
sich die Dunkelheit längst entschieden.

Bin traurig und müde, alles ist schwer, mein Herz
ist am schmerzen, so endlos wie das Meer.

Einen Grund dafür gibt es nicht, und doch
verschleiern mir Tränen die Sicht.

Da klinkt sich die Angst wieder ein und ermahnt
mich, Sorgen rasen in Endlosschleife auf mich
zu, komme einfach nicht zur Ruh'.

Will nur schlafen, nichts sehen und hören, dann können
mich meine inneren Dämonen nicht stören.

Die Angst, die mir sagt, mein Leben zieht an mir
vorbei, und ich mir all die verpassten Chancen und
vergeudeten Tage im Alter niemals verzeih'.

Panik und Herzrasen, alles dabei, Bauchschmerzen
und Knie so weich wie Brei.

Doch gerade, wenn ich aufstehen will, ist sie wieder da, diese
Schwere, diese alles umfassende und panikfressende Leere.

Ein Teufelskreis aus

Angst und Depression

und ich will raus,

wann hört das alles endlich auf?

Eins von beiden ist schlimm genug,

fühlt sich an wie ein endlos sinkender Flug.

Doch wenn beide zusammen

mich umgeben, sag mir bitte,

wie soll ich dann

l e b e n ?

Ist es denn falsch, etwas machen zu wollen, was
ich liebe, und nicht all mein Glück und all meine
Lebensfreude auf's Wochenende verschiebe?

Will was machen, was mich erfüllt, und nicht
meine Leidenschaft und Talente verhüllt.

Möchte jeden Tag mit einem Lächeln aufstehen und
all die endlosen Chancen des Tages sehen.

Will mich nicht jeden Tag mit grauen Gedanken
auf die Arbeit tragen und mich so fühlen, als würde
ich immer und immer wieder versagen.

Ab und zu frag' ich mich, wie das ist, wenn du
jemanden hast, für den du einfach alles bist.

Jemand, der dich schön findet, trotz fettigem Haar, und
selbst wenn dein Make-up mal nicht so wunderbar sitzt.

Jemand, dem dein morgendlicher Mundgeruch nichts ausmacht
und der dich für keine deiner verrückten Sorgen auslacht.

Jemand, der an dich glaubt, wenn du es nicht tust, und für dich
da ist, auch wenn du spätnachts um viertel vor 3 anrufst.

Jemand, der dich ansieht mit so strahlenden Augen,

dass du gar nicht anders kannst als an

Liebe auf den ersten Blick zu glauben.

Jemand, der sich an deinen Sonnenscheintagen mit dir
freut, aber auch bei dunklen Unwettern nicht wegläuft.

Du könntest überall sein auf der Welt oder auch die
Person, die sich im Bus gerade neben mich stellt.

Vielleicht finde ich dich irgendwann, vielleicht
geht's schnell, vielleicht dauert's auch lang.

Doch es ist auch okay, bleib' ich erst mal allein, muss
nur noch lernen, mir selbst genug zu sein.

Früher wollte ich immer dazugehören, immer Teil sein, immer dabei sein. Mit dem Strom schwimmen, gemocht und gesehen werden, größter Freundeskreis auf Erden.

Der Preis dafür?

Habe mich verbogen und belogen, versteckt und verändert, alles gegeben und investiert und war am Ende doch die Einzige, die verliert.

Viele Freunde, die keine Freunde waren, denen es nur wichtig war, den äußeren Schein zu wahren. Die nach außen von ewiger Freundschaft sprechen und mir dann von hinten das Messer in den Rücken stechen. Freunde, für die ich immer da war, die mir alles sagen konnten – von Geheimnissen über Peinlichkeiten und die schmerzhaftesten Narben – und dann liebend gern über mich gelästert haben.

Was hat mir das Verbiegen und Verändern also gebracht, sie haben mich ja trotzdem fertiggemacht.

Mittlerweile weiß ich: Mein ungutes Bauchgefühl hatte recht,

die Freundschaft mit ihnen war nicht echt.

Für echte Freunde muss ich mich nicht verbiegen, weil sie mich so wie ich bin lieben.

Hin und wieder wünschte ich mir, ich wäre für jemanden
die erste Wahl, wäre für jemanden der Mensch, ohne
den sich jede Minute anfühlt wie eine Qual.

Fühl' mich immer nur wie Plan B, als ob mich die
wichtigen Menschen nie so sehen, wie ich sie seh'.

Meine Aufmerksamkeit und Liebe immer selbstverständlich,
aber nie zeigt sich jemand erkenntlich.

Will nur einmal im Leben das kriegen, was ich
gebe, aber ob ich das jemals erlebe?

Ihr wollt uns unsere Aussicht, unsere
Naturidylle, unser Zuhause rauben,
habt keinerlei schlechtes Gewissen,
wollt nur euer Gehalt nach oben schrauben,
fragt uns gar nicht erst, sondern wollt
es uns als klimafreundlich, als grün verkaufen,
beim Anblick eurer Baupläne, den Bäumen
und der Natur, die ihr dafür niederstampfen
wollt, würden wir am liebsten schreiend weglaufen.
Wollt das schönste Naturparadies zerstören
und denkt auch noch ihr tut uns einen
Gefallen mit eurer Wohnsiedlung und den
Parkgaragen, doch unsere Stimmen und vor allem
die flehende, schreiende Natur, die wollt ihr nicht hören.

Wieso macht es mir immer noch was aus, euch
zusammen zu sehen? Wie all das gekommen ist,
kann ich noch immer nicht verstehen.

Fünf Jahre Freundschaft sind plötzlich nichts mehr
wert, deine Worte wie ein in Gift getränktes Schwert.

Hast keine Sekunde gezögert und mich fallen gelassen, bist direkt
losgezogen, um mich für eine »bessere« Freundin zu verlassen.

Nicht ein einziges Mal hast du dich seitdem
gemeldet oder mir geschrieben, einen Blick in unsere
gemeinsame Vergangenheit komplett vermieden.

All unsere gemeinsamen Momente, alle Gespräche
scheinen vergessen, stattdessen schon am nächsten Tag
mit deiner neuen besten Freundin im Café gesessen.

Weißt du, wie schlimm es ist, diejenige zu sein,
die euch zueinander bringt, nur um dann dabei
zuzusehen, wie ihr gemeinsam in einem Boot
sitzt, während das Schiff mit mir sinkt?

Ich mag nicht perfekt sein, hab' meine Fehler, bin nicht einfach, das ist mir klar, doch ich hab es nicht verdient, dass du ohne mit den Schultern zu zucken, alles über Bord wirfst, was mal war.

Am meisten ärgert es mich jedoch, was es immer noch mit mir macht, wenn ich Bilder von euch zusammen sehe und mit schwerem Herzen die Welt nicht mehr verstehe. Je mehr Zeit vergeht, desto leichter müsste es doch werden, stattdessen werde ich einfach nur besser darin, meine verletzten Gefühle zu verbergen. Bin so wütend auf mich selbst, dass ich immer noch an dich denke, dich immer noch auf Social Media verfolge, und damit so viel wertvolle Zeit verschenke.

Währenddessen schafft ihr gemeinsam neue
Erinnerungen und lasst mich der Bösewicht sein,
konntet damals nicht aufhören auf mir herumzuhacken,
anstatt euch mal an die eigene Nase zu packen.

Jetzt hab' ich schon wieder viel zu viel an dich gedacht, während ihr euch eine schöne Zeit – ganz ohne Gedanken an mich – macht. Vielleicht kannst du mir ja dein Geheimnis verraten, mir sagen, wie du es geschafft hast, mich komplett aus deinem Leben zu streichen, diesen Punkt würde ich auch gern erreichen.

Wie kann es sein, dass es so viel
Ekel und Abneigung in mir hervorruft,
wenn ich an meinen eigenen Körper denke?
Wie kann es sein, dass ich ihm zwar
so viel Aufmerksamkeit, aber keinen
Funken Zuneigung schenke?
Wie kann es sein, dass ich diese Speckrolle
an meinem Bauch so abstoßend finde
und mit meinem eigenen Spiegelbild nur
Unzufriedenheit verbinde?
Wie kann es sein, dass ich diesen
einzigartigen Körper, der mir mein Leben
und so viel Gesundheit schenkt,
so sehr hasse,
dass ich ihm jeden Tag
verbale Schläge verpasse?

Schneefall setzt ein,
die Welt ist ganz weiß,
Kaminfeuer lodert,
Glühwein schön heiß.
Lichter und Kerzen
an jeder Ecke,
Weihnachtsfilme mit
Plätzchen und
kuscheliger Decke.
Es glitzert und
funkelt überall,
auf deiner Nasenspitze
ein Schneekristall.
Last Christmas, Zimtstern,
Mistelzweig, die kalte
Luft hat beim Einatmen
einfach etwas ganz Klares,
für mich ist die Weihnachtszeit,
die schönste Zeit des Jahres.

Schäm dich niemals
für das, was du bist.
Schäm dich niemals
für etwas, das du liebst.
Schäm dich niemals
für das, was du fühlst.
Schäm dich niemals
für etwas, dass dich glücklich macht.
Schäm dich niemals
für deine Tränen.
Schäm dich niemals
für dein Lachen.
Schäm dich niemals
für deine Ängste.
Schäm dich niemals
für dein Aussehen.
Schäm dich niemals
für deine psychischen Erkrankungen.
Schäm dich niemals
für deinen Körper.
Schäm dich niemals
für dein Gewicht.
Schäm dich niemals
für deine Narben.
Schäm dich niemals
für dein Liebesleben.
Schäm dich niemals
für deinen Beziehungsstatus.
Schäm dich niemals
für ... dich.

Und dann stell' ich mir vor,
dass die Regentropfen
alles, alles, alles
von mir runterwaschen,
die Angst und
die Selbstzweifel und
die Dunkelheit und
die Tränen und
plötzlich bin ich
klitschnass, aber
f r e i.

Danksagung

Schon seit ich klein bin, träume ich davon, eines Tages mein eigenes Buch in den Händen zu halten. Bitte verzeiht mir also, falls die Danksagung ein wenig ausartet, aber wenn ich schon einmal die Möglichkeit habe, eine zu schreiben, dann muss ich das ja wohl nutzen!

Zuerst ein großes Dankeschön an **Karina Woller, Kristina Berens, Jasmin Schäfer** und **das gesamte LAGO-Team**. Ihr habt meinen Worten ein wundervolles Zuhause geschenkt und meinen Traum wahr werden lassen. Ich werde euch auf ewig dankbar sein!

Mami – du bist mein Fels in der Brandung, der wichtigste Mensch in meinem Leben und meine Superheldin. Dieses Buch ist für dich. Kein Wort der Welt könnte je meine Dankbarkeit und Liebe für dich ausdrücken. Ich hab' dich lieb x3000!

Papi – du liest zwar keine Bücher, hast aber seit dem ersten Tag bei einfach allem, was ich tue, an mich geglaubt, und das bedeutet mir die Welt. Danke für alles, Haifischpapa, ich hab' dich so lieb.

Mimi – du bist die weltbeste Tante und ich kenne kaum einen stärkeren Menschen als dich. Ich bewundere dich jeden Tag und hab' dich sehr lieb.

Opi – du kannst dieses Buch nicht mehr lesen, und es bricht mir schier das Herz. Du warst der Autor unserer Familie, und ich glaube fest daran, dass ich meine Liebe zum Schreiben von dir habe. Ich hoffe, du sitzt auf einer besonders gemütlichen Wolke, schaust hinunter und bist ein bisschen stolz auf dein Quarksäckel.

Lara Achenbach – mein Twinnie, meine beste Freundin, Steve zu meinem Bucky und meine Seelenschwester. Seit so vielen Jahren bist du nun schon an meiner Seite, du weißt alles über mich, und ein Leben ohne dich wäre unvorstellbar. Dir gehört mein Herz. Wir beide bis ans Ende und darüber hinaus, okay?

Elif Mentese – meine allerlängste Freundin, die es seit dem Kindergarten mit mir aushält und bei allen wichtigen Momenten meines Lebens dabei war und es auch für immer sein wird, das weiß ich ganz genau. Ich hab' dich lieb!

Shari Schlewinski – du hast meine Gedichte von Anfang an gelesen und daran geglaubt, du hast mich hemmungslos weinend an ganz dunklen Tagen und nervtötend glücklich an anderen Tagen erlebt und bist mir nie von der Seite gewichen. So viel Liebe an dich, mein Böbö.

Svenja Friederich – die Gespräche mit dir sind endlose Inspiration und erweitern meinen Horizont jedes Mal so sehr. Du hast einen ganz besonderen Platz in meinem Herzen und ich möchte dich nicht mehr missen.

Charleen Kroll – danke für deine Freundschaft, für unsere Gespräche, dafür, dass du immer an mich glaubst, mich von der Seitenlinie aus anfeuerst und ich bei dir vollkommen ich selbst sein kann. Ich hab' dich so lieb.

Sophia Como – du bist so eine wunderschöne Seele, die mich unterstützt, motiviert und an mich glaubt, du stehst mir immer mit Rat und Tat zur Seite, und ich bin unendlich froh, dass es dich gibt. Danke für alles!

Leandra Seyfried – wir kennen uns noch nicht so lange und trotzdem kann ich mir ein Leben ohne dich nicht mehr vorstellen. Deine Worte haben mich von Anfang an verzaubert und dein Charakter hat es ebenso getan. Danke, dass du so sehr an mich glaubst, immer Zeit für mich hast, mir zuhörst und das Beste aus mir und meinen Texten herausholst!

Elle Ellis – du warst schon auf der FBM 2021 mein Highlight und mittlerweile sind unsere Schreib- und Quatschdates ein absolutes Wochenhighlight. Ich genieße jede Minute mit dir so sehr und bin froh, eine Freundin wie dich an meiner Seite zu haben. Danke für alles!

An **das gesamte Thalia-Siegburg-Team** für eine grandiose Ausbildungszeit – besonders aber an den besten Chef **Benjamin Zobel**, ohne den ich niemals meine Abschlussprüfungen geschafft hätte, an den besten Bundestrainer ... äh Ausbilder **Rolf Münker** und an **Gabi Lysik**, **Holger Voncken**, **Rita Berhausen**, **Jule Petri** und **Katrin Weber** dafür, dass ihr während der Ausbildung die tollsten Partner in crime wart.

Gabriella Santos de Lima, **Merit Niemeitz** und **Sophie Bichon** – ihr seid meine absolute Lieblingsautorinnen, und eure Bücher retten mich jeden Tag. Wenn ich groß bin, will ich so sein wie ihr. Danke, dass es euch gibt!

Lea Melcher – danke für die traumhaften Illustrationen im Buch, die perfekter und passender nicht sein könnten. Ich bin immer noch so glücklich, dass du Teil dieser Reise warst und bist und sehr dankbar, dass es dich gibt. Deine Kunst macht diese Welt zu einem sehr viel schöneren Ort.

Danke auch an: **Nastasia Bischof, Jule Bleiholder, Sarah Schwalbach, Anya Omah, Maren Vivien Haase, Toni Wesseling, Fam Schaper, Lea Zander, Alexandra Dreher, Silja Fröhling, Chiara Ancora, S. Abedzadeh, Sven Grünes, Alex Hentschel** – ihr macht jeden Tag besser, bereichert mich so sehr und malt meine Welt ein bisschen bunter.

An jeden einzelnen, wundervollen Menschen, der an meiner Seite steht, mir zuhört, für mich da ist und mich zum Lächeln bringt: danke, dass es dich gibt!

An **meine gesamte Bookstagram Community**: danke für jede liebe Nachricht, jeden lieben Kommentar, all eure Unterstützung, euer Vertrauen, eure Offenheit und dafür, dass ihr so sehr an mich glaubt.

Und zum Schluss ein riesiges Danke an dich, **liebe*r Leser*in**. Danke, dass du dieses Buch gekauft oder angefragt hast, danke, dass du deine wertvolle Zeit dafür verwendet hast, um es zu lesen, und danke, dass du es jetzt vielleicht in dein Buchregal zwischen all deine anderen Schätze stellst. Das bedeutet mir die ganze weite Welt. Ich hoffe, meine Gedichte konnten dir ein wenig Mut, Trost, Hoffnung, Liebe, Geborgenheit und Inspiration schenken.